Wolfgang Junglas

WEINKOMPASS
RHEINGAU

Die 50 besten Straußwirtschaften und Gutsschänken

Mit Fotos von Torsten Zimmermann

LEINPFAD
VERLAG

© Leinpfad Verlag
2., überarbeitete Auflage Herbst 2015

Alle Rechte, auch diejenigen der Übersetzung, vorbehalten.

Kein Teil dieses Buches darf in irgendeiner Form (Druck, Fotokopie, Mikrofilm oder ein anderes Verfahren) ohne die schriftliche Genehmigung des Leinpfad Verlages reproduziert oder unter Verwendung elektronischer Systeme verarbeitet, vervielfältigt oder verbreitet werden.

Umschlag: kosa-design, Ingelheim
Alle Fotos: Torsten Zimmermann
Layout: Leinpfad Verlag, Ingelheim
Druck: wolf print, Ingelheim

Leinpfad Verlag, Leinpfad 5, 55218 Ingelheim,
Tel. 06132/8369, Fax: 896951
E-Mail: info@leinpfadverlag.de
www.leinpfadverlag.com

ISBN 978-3-942291-79-8

Inhalt

Vorwort

Seit 1980 wohne ich im Rheingau – und schon damals, als junger Student, war ich fasziniert von der Lebenseinstellung der Genussmenschen in diesem wunderschönen Landstrich: Sie sitzen beisammen in lauschigen Gärten oder holzverkleideten Stuben, trinken Wein und essen dazu kleine Speisen wie Spundekäs oder Sülze mit Bratkartoffeln. „Wollense en Herbe oder en Milde?", war die Standardfrage der Bedienung. Es hat etwas Beruhigendes, wenn man die Komplexität der Welt auf zwei Geschmacksrichtungen reduzieren kann. Die Gespräche an den Tischen, die man zwangsweise mithört, da man sich wegen Platzmangels häufig an bereits belegten Tischen noch irgendwie dazu setzt, drehen sich oft um dieselben Themen: Wo gibt's aktuell den besten Riesling, wo schmeckt der Winzerweck am besten? Was für eine wunderbare Welt, in der Probleme draußen bleiben und nur das zählt, was auf dem Tisch steht, und die Menschen auf den Stühlen rund um diesen Tisch für den Augenblick die wichtigsten sind.

Straußwirtschaft heißt diese kleine heile Welt, in die sich jedes Wochenende Tausende von Weinfreunden mit Wonne flüchten. Ursprünglich gedacht als Möglichkeit für die Winzer, ihre Weine zu bestimmten Zeiten im Wohnzimmer, der Garage oder im Hof direkt an die Kundschaft auszuschenken und dazu kleine Speisen, wie Leberwurstbrote, anzubieten, haben sich die Straußwirtschaften im Rheingau zu einer unverzichtbaren Weingastronomie entwickelt. Die Öffnungszeiten sind teilweise auf einen ganzjährlichen Betrieb erweitert – die Auswahl reicht von einfachen Gartenschänken bis hin zu vollwertigen Gutsschänken. Die Betreiber achten allerdings darauf, dass der Weingenuss immer im Mittelpunkt bleibt: Der Rebensaft ist das Kerngeschäft, das niemand aus den Augen verliert. Seit Ende der 80er Jahre hat sich die Qualität der deutschen und der Rheingauer Weine stetig verbessert, dies gilt ebenso für die Qualität der Straußwirtschaften. Die Speisenauswahl wurde systematisch erweitert, die Garäume geschmackvoll eingerichtet, in den Gärten wurden Plastikstühle durch solche aus Holz ersetzt.

Als leidenschaftlicher Straußwirtschaftsgänger habe ich gerne die Aufgabe übernommen, die 50 besten Betriebe vorzustellen und zu bewerten – die Testbesuche und die Begegnungen mit den Winzern haben mir viel Freude bereitet. Natürlich ist die Auswahl und die Bewertung meine persönliche Sicht – bei einem Glas Wein in einer Rheingauer Gutsschänke können wir gerne darüber diskutieren.

Ihr Wolfgang Junglas

Faszination Rheingau

Der Faszination des beschaulichen Landstriches zwischen Lorchhausen am Rhein und Flörsheim am Main kann man sich kaum entziehen. Auf seiner Reise von den Alpen in die Nordsee verweilt der Rhein zwischen Mainz und Rüdesheim und fließt rund 35 Kilometer lang breit und träge in Ost-West-Richtung, statt wie sonst dynamisch von Süden nach Norden. Gut für die Weinberge: Durch die Richtungsänderung sind sie nach Süden ausgerichtet und werden von der Sonne verwöhnt. Dieser Umstand fiel nach der Legende schon Karl dem Großen auf, der anlässlich einer Schiffsfahrt nach Ingelheim die frühe Schneeschmelze an den Rheingauhängen beobachtete und daraufhin in Johannisberg die Anpflanzung eines Weinberges anordnete.

Straußwirtschaft – „Wer hat's erfunden?" Die Erfindung der Weinwirtschaften, in denen Weinerzeuger zu bestimmten Zeiten ihren Wein ausschenken und dies mit einem bunten Sträußchen am Hoftor signalisieren, geht angeblich auf Karl den Großen zurück. Ob der Rheingau die erste Region mit Straußwirtschaften ist, wissen wir nicht: Auf jeden Fall gibt es im Rheingau eine lange Tradition der auch „Heckewirtschaft" genannten feucht-fröhlichen Einrichtung. Die Schankerlaubnis für Straußwirtschaften ist durch Länderverordnungen klar geregelt: In Hessen dürfen Weinerzeuger für die Dauer von höchstens vier Monaten in höchstens zwei Zeitabschnitten eine Straußwirtschaft betreiben. Es „dürfen nur kalte und einfach zubereitete

warme Speisen verabreicht werden", zudem dürfen nicht mehr als 40 Sitzplätze vorhanden sein. Gutsschänken hingegen sind vollkonzessionierte
Gaststätten in Weingütern – für diese gelten die Einschränkungen nicht.
Im Konzert der 13 deutschen Weinanbaugebiete kommt dem Rheingau
durch die jahrhundertealte Tradition im Qualitätsanbau sicher eine Sonder-
stellung zu. Edle Rieslingweine aus renommierten Weingütern wie Schloss
Johannisberg (der Geburtsstätte der Spätlese), Kloster Eberbach (Erfin-
der des Kabinettweins) und Schloss Vollrads, in dem Weinbau schon seit
dem 13. Jahrhundert betrieben wird, begründeten schon vor Jahrhunderten den weltbekannten Ruf der Region. Ende des 18. Jahrhunderts lob-
te der bekannte Reisejournalist Johann Kaspar Riesbeck die Schönheit
der Landschaft und den Wein aus Johannisberg als „einen der edelsten
Rheinweine". Um die Jahrhundertwende zum 20. Jahrhundert hatte der
geschätzte Rieslingwein Weltgeltung: Er war damals teurer als Wein aus
Bordeaux – belegen die Rheingauer Winzer gerne heute noch mit historischen Rechnungen.

Wein:
1 Traube   = Rheingau-Basic: einfache, ansprechende Zechweine
2 Trauben = gebietstypische Weine durchschnittlicher Qualität
3 Trauben = gute bis sehr gute Rheingauer Weine
4 Trauben = hervorragende Rheingauer Weine
5 Trauben = Rheingau-Premium: So schmecken die Spitzenerzeugnisse
              des Gebietes

Essen:
1 Traube   = einfache, aber gute Speisen in begrenzter Auswahl
2 Trauben = gutbürgerliche Küche mit großer Speisenauswahl
3 Trauben = verfeinerte Küche mit kreativen Akzenten
4 Trauben = gehobene, kreative Regionalküche sehr guter Qualität
5 Trauben = handwerklich perfekte Regionalküche mit sicherer Kombination
              der Aromen

Ambiente:
1 Traube   = einfache, angenehme Einrichtung
2 Trauben = urig, bodenständig, gemütlich, guter Service
3 Trauben = stilsicher, geschmackvolle Details
4 Trauben = originell eingerichtete Weinwirtschaft mit sehr gutem Service
5 Trauben = auffallend attraktive Weinwirtschaft mit perfektem Service

Gesamtbewertung:
1 Traube   = Rheingauer Weinkultur für Einsteiger
2 Trauben = empfehlenswerte Weinwirtschaft
3 Trauben = ansprechende Weinwirtschaft guter Qualität
4 Trauben = gehobene Weingastronomie
5 Trauben = Rheingauer Weingastronomie in Perfektion

1. Gutsausschank Dr. Corvers-Kauter, Oestrich-Winkel

Hier stimmt wirklich alles: Kreative, bodenständige Küche, hochwertige Weine mit sehr eigenständigem Charakter – dazu ein sorgfältig gepflegtes, gewachsenes Ambiente und ein familiärer Service zum Wohlfühlen! (s. S. 76)

2. Gutsausschank Baiken, Eltville

Ein Traum von einer Weinstube mitten im Weinberg: Toller Blick, herausragende Weine aus Toplagen, gepflegte Küchenleistung und herzliche Bedienung – 100 %iger Wohlfühlfaktor. (s. S. 16)

3. Weingut Klostermühle, Eltville

Ein Rheingauer Schmuckstück mit gehobener gastlicher Kultur. Sehr schöner Innenhof, gemütliche Gaststuben, anspruchsvolle Küche mit ansprechenden Weinen. (s. S. 22)

4. Weingut Trenz, Johannisberg

Trenz Trendy: Modern gestylter Gutssauschank mit mediterraner Küche, gehobenen Weinqualitäten und schönem Ambiente. (s. S. 50)

5. Weingut Friedrich Altenkirch, Lorch

Moderne Gutsschänke in einem historischen Gebäude, extraktreiche Weine von sehr guter Qualität, gehobene Küche. (s. S. 54)

6. Weinhof Goldatzel Gutsschänke, Johannisberg

Einer der schönsten Ausblicke im Rheingau, klar komponierte, gute Weine, kreative leckere Gerichte. (s. S. 46)

7. Weingut Allendorf, Winkel

Engagiertes Familienweingut mit attraktiver Vinothek, urgemütlicher Hofwirtschaft und großer Auswahl hochwertiger Weine. (s. S. 80)

8. Koegler Gutsausschank, Eltville

Haus mit Geschichte: Speisen in historischem Ambiente, neben Klassikern auch Rebsorten wie Grüner Veltliner im Angebot, abwechslungsreiche Küche, schöner Rosengarten. (s. S. 18)

9. Weingut Hanka Gutsschänke, Johannisberg

Weinwirtschaft mit Kultstatus: Sehr gute Weine, Omas klassische Straußwirtschaftsgerichte, Atmosphäre wie bei Muttern im Wohnzimmer. (s. S. 48)

10. Diefenhardt Gutsschänke, Martinsthal

Traditionsreiches, klassisches Haus mit gemütlicher Stube, guten Weinen und sehr persönlichem Flair. (s. S. 66)

10. Gutsausschank Rauenthaler Berg, Rauenthal

Sehr schöne Aussicht, klare, reintönige Weine, engagierte Patrons, bodenständige Küche ohne Schnick-Schnack. (s. S. 92)

10. „Im Kirschfeld" Weingut Höhn, Wiesbaden-Schierstein

Toller Ausblick auf Mainz und Wiesbaden, persönliche Atmosphäre, Küche mit mediterranen Einschlag, breites Rebsortensortiment. (s. S. 110)

„Zum Schöne Michel" Gutsschänke

Hauptstraße 80
65385 Rüdesheim-Aulhausen
Tel. 06722/3201
info@weingut-schoen.de, www.weingut-schoen.de

Öffnungszeiten:
Fr + Sa ab 17 Uhr, So + Fei ab 16 Uhr

Anfahrt:
B 42, in Rüdesheim rechts Richtung Aulhausen, in der Hauptstraße links

Parken:
Parkplatz am Gutsausschank vorhanden

Reservierungen:
Reservierungen sind möglich

Anzahl der Sitzplätze:
innen: 50, außen: 50

Besonderheiten:
wechselnde Wochengerichte

Mein Tipp:
Krustenbraten mit Sahne-Meerrettich und Bratkartoffeln – dazu eine Rüdesheimer Drachenstein Spätburgunder Spätlese

Perle im Hinterland

Winzer Klaus Schön bemüht sich um jeden Gast: Er geht zu jedem Tisch, begrüßt die Besucher sehr persönlich und stellt sicher, dass der Wein und die Speisen den Erwartungen entsprechen. „Wir müssen hier in den Bergen um die Gäste kämpfen!", meint der joviale Aulhausener augenzwinkernd. Da ist vielleicht etwas dran: Aulhausen liegt oberhalb, etwas abseits der Besucherströme am Rheinufer, aber viele Rheingau Kenner wissen mittlerweile, dass es auch im Rheingaugebirge attraktive Gutsschänken gibt. Der Familienbetrieb wird in der achten Generation betrieben. Der originelle Name „Schöne Michel" bezieht sich nicht auf das Aussehen des Winzers: Im Dialekt wird der Familienname vor dem Vornamen genannt. Winzermeister Klaus Schön bearbeitet vier Hektar Weinberge in besten Rüdesheimer Steillagen: Schlossberg, Berg Roseneck und Drachenstein. Die selektiv handgelesenen Rieslingtrauben werden im Edelstahltank temperaturreguliert ausgebaut. Die Rieslinge gefallen durch frische und klare Aromen – die Säure ist angenehm eingebunden. In den letzten Jahren stehen die Spätburgunder immer mehr im Fokus. Klaus Schön bietet auch Rotwein aus Lagen wie Rüdesheimer Roseneck und Drachenstein an – die sind eher für terroirgeprägte rassige Rieslinge bekannt. Die Spätburgunder aus diesen exponierten Lagen gelingen sehr gut und überzeugen durch einen eigenen Charakter. Die gemütliche Gutsschänke bietet eine ordentliche Anzahl rustikaler Gerichte an – hinzu kommen wöchentlich wechselnde Positionen auf die Karte. Im Winter wärmt ein offener Kamin die ansprechend holzbetont eingerichtete Stube – im Sommer kann man draußen sitzen.

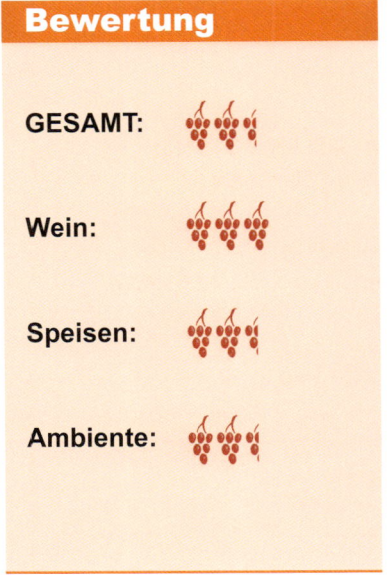

Bewertung

GESAMT:

Wein:

Speisen:

Ambiente:

„Weingarten" Strieth Gutsschänke

Hauptstraße 43
65385 Rüdesheim-Aulhausen
Tel. 06722/4646
Weingut-strieth@t-online.de, www.weingut-strieth.de

Öffnungszeiten:
Mai – September: Do, Fr ab 17 Uhr, Sa, So, Fei ab 15 Uhr

Anfahrt:
B 42, in Rüdesheim rechts Richtung Niederwalddenkmal, Abfahrt Aulhausen – direkt im Dorfzentrum bei der Kirche

Parken:
eigener Parkplatz im Innenhof

Reservierungen:
Reservierungen sind möglich

Anzahl der Sitzplätze:
innen: keine, außen: 40

Besonderheiten:
Weine aus den Rüdesheimer und Assmannshäuser Steillagen

Mein Tipp:
Hausmacher Medaillon (Blut- und Leberwurst) mit Rahmsauerkraut und Schwenkkartoffeln – dazu Berg Kaisersteinfels Riesling Spätlese feinherb

Lauschiger Weingarten in luftiger Höhe

Auch in den Höhenorten gibt es schöne Gärten: Das Weingut Strieth hat in Aulhausen eine gemütliche Anlaufstelle für freiluftbegeisterte Weinge-nießer geschaffen. Landwirtschaft hat in der Familie Strieth schon eine lange Tradition, 1880 kam der Weinbau hinzu. 1992 hat Winzermeister Fred Strieth das Weingut von seinem Vater übernommen: Mittlerweile be-arbeitet er 3,7 Hektar – davon 60 % Spätburgunder. Im Rotweinort Ass-mannshausen ist er in allen drei Lagen vertreten: Höllenberg, Hinterkirch und Frankenthal. Aus den Spätburgundertrauben presst Fred Strieth auch einen sehr leckeren Blanc de Noir – sogar eine Beerenauslese Spätbur-gunder Weißherbst bietet er an. Die einfacheren Spätburgunder werden im Halbstück oder im Stückfass ausgebaut, die hohen Qualitäten kommen ins Barriquefass: zum Beispiel der Höllenberg oder die hochwertige trockene Spätburgunder Beerenauslese Unicus. Trotz seiner ansprechenden Rot-weine weist Fred Strieth gerne auf seine Rieslinge hin: geschliffene Weine mit feiner Frucht aus eher seltenen Lagen wie die kleine Rüdesheimer Ein-zellage Berg Kaisersteinfels.

Fred und Marina Strieth bedienen persönlich die Gäste im Weingarten. Rund 15 „gutbürgerliche" Gerichte stehen auf der Karte – vom Balkankäse im Speckmantel über selbst gemachte vegetarische Frühlingsrollen bis zu Schnitzel und Steak. Zubereitet werden sie vom Bruder Thilo Strieth im angrenzenden Landgasthof. Dorthin kann man sich auch retten, wenn das Wetter nicht optimal für den Weingarten sein sollte.

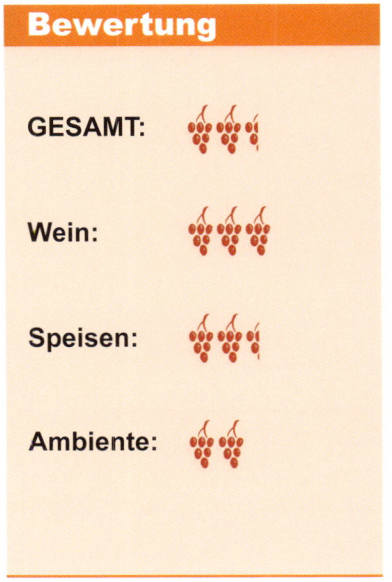

Bewertung

GESAMT:

Wein:

Speisen:

Ambiente:

Gutsausschank Baiken Gutsschänke

Wiesweg 86
65343 Eltville
Tel. 06123/900345
info@baiken.de, www.baiken.de

Öffnungszeiten:
April – Oktober: Di – Fr ab 17 Uhr, Sa ab 15 Uhr, So + Fei ab 11.30 Uhr
November – März: Do – Sa ab 17 Uhr, So + Fei ab 11.30 Uhr

Anfahrt:
B 42 (Richtung Rüdesheim) Ausfahrt Eltville Nord/Martinsthal, rechts in Hauptstraße abbiegen, im Kreisverkehr 3. Ausfahrt (K 642) nehmen, rechts in Wiesweg abbiegen, Ausschilderung rechts in die Weinberge folgen

Parken: an der Gutsschänke

Reservierungen:
Reservierungen nur telefonisch

Anzahl der Sitzplätze:
innen: 80, außen: Terrasse 80 / Wintergarten 50

Besonderheiten:
toller Ausblick, gute Küche, historisches Ambiente

Mein Tipp:
Der eingelegte Kult-Käse „Rheingauer Runde" – dazu ein Rauenthaler Baiken Riesling Crescentia trocken

Wein-Oase mitten im Weinberg

Rauenthaler Baiken ist eine der höchstbewerten Rheingauer Spitzenlagen: Weine aus dem berühmten Steilhang mit bis zu 60 % Neigung waren schon Ende des 19. Jahrhunderts weltweit begehrt. 1928 errichte die Domänenverwaltung den Gutshof mitten in der Toplage – der wunderschöne Gutausschank passt zum Ruf der Großen Lage. Das renommierte Gastronomieunternehmen P5 (Inhaber sind unter anderem die bekannten Köche Egbert Engelhardt und Rolf Laudenbach) betreibt den Gutsausschank. Die ausgezeichneten Weine spiegeln die Kollektion der Hessischen Staatsweingüter Kloster Eberbach, des größten deutschen Weingutes: Vom Assmannshäuser Höllenberg über den Steinberger bis zum Heppenheimer Centgericht an der Bergstraße findet sich auf der Karte das „who is who" der Rheingauer Großen Lagen. Die herzliche Patronin Vera Förster begrüßt die meisten Gäste wie alte Freunde – kein Wunder: „Rund 90 % der Gäste sind Stammkunden!", vermeldet sie stolz. Sie weiß ein gutes Team mit Miguel Sattler als Küchenchef an ihrer Seite. Kein Stammgast zu werden fällt schwer. Die Terrasse mit dem wunderschönen Ausblick und die geschmackvolle, einfach gehaltene Einrichtung, lassen gleich ein behagliches „Wohlfühlgefühl" aufkommen. Bei der Auswahl der Produkte für die Speisen wird gleichermaßen Wert auf Qualität und regionale Bezugsquellen gelegt: Landschwein, Landhuhn, deutsches Rumpsteak von der Landmetzgerei. 11 offene Weine der Staatsweingüter stehen auf der Karte, darüber hinaus 26 Flaschenweine ab 22 €, auch Raritäten wie eine 1989er Rauenthaler Baiken Trockenbeerenauslese für 188 € (0,375 l).

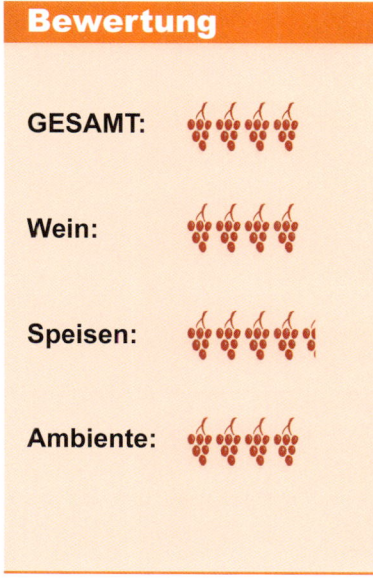

Bewertung

GESAMT:

Wein:

Speisen:

Ambiente:

Gutsausschank Koegler Gutsschänke

Top 10-Tipp

Kirchgasse 5
65343 Eltville
Tel. 06123/2437
info@weingut-koegler.de, www.weingut-koegler.de

Öffnungszeiten:
Ostern – September: Mo – Fr ab 17 Uhr, Sa, So, Fei ab 12 Uhr; Oktober – Ostern: Mo, Fr, Sa ab 17 Uhr, So, Fei ab 12 Uhr

Anfahrt:
B 42, Abfahrt Eltville, in der Ortsmitte rechts in Hofeinfahrt zum Parkplatz

Parken:
eigener Parkplatz im Hof

Reservierungen:
Reservierungen sind möglich

Anzahl der Sitzplätze:
innen: 60, außen: 50

Besonderheiten:
Weinhotel, separater Kellerraum, Vinothek

Mein Tipp:
Gebackene Blut- und Leberwurst mit Bratkartoffeln und Verjus-Apfelkompott – dazu Grüner Veltliner trocken

Ein Hauch von Österreich in der Eltviller Altstadt

Der 1420 erbaute Hof Bechtermünz mitten in der wunderschönen Eltviller Altstadt wartet mit einer besonderen Geschichte auf: Unter Leitung von Johannes Gutenberg druckten hier die Gebrüder Bechtermünz 1467 einen der bedeutendsten Frühdrucke: „Vocabularius Ex Quo", das älteste Wörterbuch der Welt. Winzer Ferdinand Koegler erinnert mit dem gelungenen Riesling >>1467<< an dieses denkwürdige Ereignis. Das ganze Hofensemble ist mit Bruchsteinen gebaut und wirkt wie aus einem Guss – das geschmackvolle Weinhotel ist in der Scheune von 1563 eingerichtet. Seit 1899 gibt es das Familienweingut, zuerst im Nebenerwerb. Aus der Not heraus eröffnete die Großmutter von Ferdinand Koegler 1933 eine Straußwirtschaft – in den 60er-Jahren entstand der Vollbetrieb. Heute gehören 34 Hektar Weinberge zum Weingut, überwiegend in Eltviller Lagen. Offensichtlich hat Ferdinand Koegler einen Hang zur Wachau: Seit dem Jahre 2000 baut er zwei Hektar Grüner Veltliner an – seit 2007 auch die österreichische Rebsorte Blauer Zweigelt. Die für den Rheingau ungewöhnlichen Rebsorten werden gut angenommen. Sehr gelungen ist auch der Spätburgunder Rubeus.

Renata Koegler betreut den Gutsausschank. Auf der Speisekarte ist die Auswahl überschaubar – die von Profiköchen zubereiteten Gerichte sind aber lecker und kreativ. Zudem gibt es auf der roten Tafel tagesaktuelle Angebote. Der Einsatz von Verjus (Saft unreifer Trauben) aus eigener Produktion veredelt einige Gerichte. Im Sommer sitzt man sehr schön im Hof.

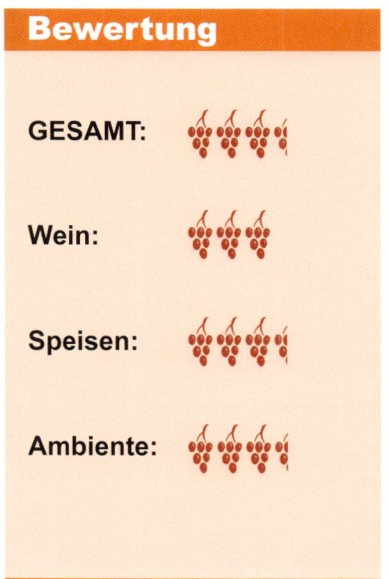

Bewertung

GESAMT:

Wein:

Speisen:

Ambiente:

Riesling Scheune Weingut C. Belz Gutsschänke

Kiedricher Straße 20
65343 Eltville
Tel. 06123/2134
info@weingut-belz.de, www.weingut-belz.de

Öffnungszeiten: täglich ab 16 Uhr, Di und Mi Ruhetage

Anfahrt:
B 42 Abfahrt Eltville/Kiedrich, direkt in Kiedricher Straße Richtung Eltville abbiegen

Parken: in der Nähe

Reservierungen:
Reservierungen sind möglich

Anzahl der Sitzplätze:
innen: 75, außen: 30

Besonderheiten:
Veranstaltungen mit Livemusik, Weinwanderungen, Planwagenfahrten mit Picknick

Mein Tipp:
Gebeizter Bachsaibling und geräucherte Wisperforelle mit Apfelmeerrettich und Rösti – dazu eine Spätlese trocken Eltviller Sonnenberg

Heuschoberromantik in der Stadt

Man sitzt schon sehr romantisch im ersten Stock der Rieslingscheune: Die dunklen Holzbalken bis zum Dach erzeugen eine heimelige Stimmung – die sanfte Kerzenbeleuchtung auf den Tischen tut ihr Übriges. Das Gebäude stammt aus dem Jahre 1927 – 2003 wurde die Nutzung geändert: Aus dem alten Heuschober wurde die Rieslingscheune. Statt duftendes Heu gibt es heute Riesling-Schoppenweine und Erstes Gewächs.

Das junge Winzerpaar Karl-Christian und Madeleine Ries macht gemeinsam die Weine – die ehemalige Rheingauer Weinkönigin hat auch Weinbau in Geisenheim studiert. Karl-Christian übernahm 2000 das seit 1908 bestehende Familienweingut: Er verkörpert die vierte Generation. Der junge Chef hat in Wirtschaftsgebäude, Kelterhaus und Maschinenpark investiert. Die knapp zehn Hektar Weinberge in Eltville, Erbach und Kiedrich bearbeitet die Familie nach den Vorgaben des integrierten Anbaus. Die schonende Weinbergsarbeit und der möglichst späte Lesezeitpunkt sorgen für Weine mit authentischen, intensiven Aromen. Die Weißweine vergären im Edelstahltank, die Rotweine reifen mindestens 12 Monate im traditionellen Eichenholzfass.

Das Küchenteam sorgt für eine recht umfangreiche Speisekarte: Zu Beginn grüßt er die Gäste aus der Küche mit Kochkäse und Kümmel – dann stehen klassische Fisch-, Fleisch- und vegetarische Gerichte zur Auswahl. Die flinken Bedienungen verwöhnen auch gerne mit einem Nachtisch: Apfeltiramisu oder „Kuchenhildes Schokotraum" klingen so gut wie sie schmecken.

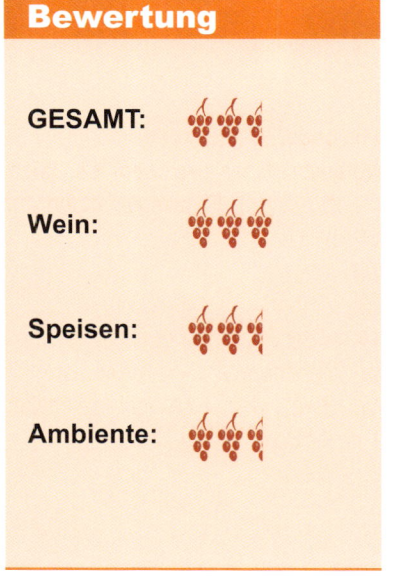

Bewertung

GESAMT:

Wein:

Speisen:

Ambiente:

Weingut Klostermühle Gutsschänke

An der Klostermühle 3
65399 Kiedrich
Tel. 06123/4021
info@klostermuehle.de, www.klostermuehle.de

Top 10-Tipp

Öffnungszeiten: Di – Sa ab 16 Uhr, So und Fei ab 12 Uhr, Mo Ruhetag

Anfahrt:
B 42, Ausfahrt Eltville Mitte, aus Richtung Wiesbaden: 3-mal links abbiegen; aus Richtung Rüdesheim: gerade aus und dann links

Parken: eigener Parkplatz

Reservierungen:
Reservierungen sind möglich

Anzahl der Sitzplätze:
innen: 160, außen: 160

Besonderheiten:
sehr schöner Innenhof, sehr schöne Veranstaltungsräume für Familienfeiern, Gästezimmer, Hochzeitssuite

Mein Tipp:
Spargel-Mozzarella-Röllchen mit Lachstatar und Algen-Sesamsalat – dazu Alte Reben Riesling Kabinett trocken

Weinhistorie in gepflegter Atmosphäre

Ein bezaubernder Ort Rheingauer Weinkultur: Die historische Klostermühle wurde 1218 von den Mönchen von Kloster Eberbach als Außenbetrieb angelegt. Seit 1786 gehört der Familie Witte das Anwesen. Die bekannte Rheingauer Mundartautorin Hedwig Witte hatte hier ihr Zuhause. Heute bewirtschaftet ihr Enkel Lorenz Witte die Klostermühle – deren Name schon von Weitem auf dem Dach sichtbar geschrieben steht. Der perfekte Ort für Feiern mit Weingenuss: Mit Haupthaus, Weincabinett, Weingewölbe und dem Hedwig-Witte-Festsaal stehen mehrere sehr schmucke, stilvolle Räumlichkeiten zur Verfügung. Hinzu kommt noch der gepflasterte idyllische Innenhof. Weinmacher Lorenz Witte hat Önologie in Geisenheim studiert. Auf knapp sechs Hektar in den Eltviller Lagen Kalbspflicht und Taubenberg baut er Riesling und Burgunder an. Beim Ausbau setzt Lorenz Witte auf Ganztraubenpressung und schonende Verarbeitung: Reintönige Weine mit feinen Aromen sind das Ergebnis.

Küchenchef Eric Rödinger mit seiner Crew ist sehr kreativ und kocht auf gehobenem Restaurantniveau. Die Gerichte lesen sich toll, machen neugierig und schmecken wie versprochen: „Frische und regionale Küche mit dem gewissen Etwas." Wobei die Familie Witte Wert darauf legt, dass der Weinstubencharakter erhalten bleibt und Straußwirtschaftsgerichte wie Spundekäs, der leckere Flammkuchen und das Vesperbrett immer auf der Karte stehen.

Die Inneneinrichtung ist sehr geschmackvoll: Catharina Witte modernisiert behutsam und mit Liebe zum Detail.

Bewertung

GESAMT:	🍇🍇🍇🍇🍇
Wein:	🍇🍇🍇
Speisen:	🍇🍇🍇🍇🍇
Ambiente:	🍇🍇🍇🍇🍇

Weinhof Martin Gutsschänke

Bachhöller Weg 4
65346 Erbach
Tel. 06123/62856
info@weinhof-martin.de, www.weinhof-martin.de

Öffnungszeiten: Di, Mi, Fr ab 16 h, Sa, So, Fei ab 15 h, Mo + Do Ruhetag, Oktober – Dezember: nur Fr, Sa, So, Weihnachten bis Ostern geschlossen (ab Karfreitag geöffnet), 4 Wochen Sommerpause

Anfahrt:
B 42, Ausfahrt Eltville-West/Erbach, Hauptstraße bis Marktplatz, von dort aus Beschilderung folgen **Navi:** Franseckystraße eingeben, durchfahren bis Bachhöller Weg.

Parken: eigener Parkplatz, auch für Busse und Wohnmobile

Reservierungen: sind möglich

Anzahl der Sitzplätze:
innen: 65, außen: Innenhof 60, überdachte Terrasse 70

Besonderheiten:
Hoffest, Weinlese mit meinem Winzer, vorweihnachtliche Glühweinparty, kinderfreundlich

Mein Tipp:
Pikanter Toast mit Senf-Sahne-Soße – dazu ein Riesling Classic.

Weinhof für die ganze Familie

Der Aussiedlerhof am Ortsrand von Erbach wirkt wie ein Wein-Bauernhof: Der große Hof ist einladend bestuhlt, ein Kaninchen sitzt im Weinfass, im Bachlauf grüßt ein Froschkönig. Unmittelbar im Weinberg bietet die sympathische Winzerfamilie Martin ihre Weingastronomie an. Ob draußen, drinnen oder im Wintergarten: Hier geht es urig und gemütlich zu – wie es sich die große Stammkundschaft wünscht. „Wir sind kein Restaurant", betont die Küchenchefin Jutta Martin. Die Gerichte wie Lachs-Forellen-Mousse, Toastspezialitäten, eine Schnitzelauswahl, Flammkuchen und Käsespezialitäten schmecken bodenständig und hausgemacht – nur frische Ware wird verarbeitet. Darüber hinaus offeriert die Familie ein breites Sortiment selbst gemachter Spezialitäten: Essige (Riesling-Balsamessig), Öle, Riesling-Senf, Gelees und Marmeladen, gefüllte Schokotrüffel, eingelegte Früchte, Brände und Liköre – die Liste ist verblüffend lang!

So vielfältig wie die Produkte ist die breite Weinpalette: Das Motto der Martins „Ob beim Esse oder Wei, für jeden Geschmack is was debei!" zeigt sich auch hier. Riesling, Chardonnay, Weißburgunder, Rosé (aus Regent- und Dornfelder!), Weißherbst, Spätburgunder, Dornfelder, Cabernet Sauvignon aus dem Barrique: Das Angebot ist sehr umfangreich und von guter Qualität. Dies gilt auch für die ansprechenden Literweine. Winzermeister Günter Martin und Sohn Michael, Weinbautechniker, produzieren die Weine aus rund zehn Hektar Weinberg in Erbach und Kiedrich. Innovationen des Juniors und die Erfahrung des Seniors gehen hier Hand in Hand.

Bewertung

GESAMT:

Wein:

Speisen:

Ambiente:

Gutsausschank von Oetinger Gutsschänke

Rheinallee 1-3
65346 Erbach
Tel. 06123/62528
info@von-oetinger.de, www.von-oetinger.de

Öffnungszeiten:
Mo – Fr ab 17 Uhr, Sa, So, Fei ab 11 Uhr, Di Ruhetag;
Oktober – Ostern: Mo, Fr, Sa ab 17 Uhr, So, Fei ab 12 Uhr

Anfahrt:
B 42 Richtung Rüdesheim, Abfahrt Erbach, dann sofort rechts, nach 300 Meter auf rechter Seite

Parken:
eigener Parkplatz im Hof

Reservierungen:
Reservierungen sind möglich

Anzahl der Sitzplätze:
innen: 90, außen: 200

Besonderheiten:
Veranstaltungskalender, geführte Weinbergswanderungen mit Weinprobe, Gutshotel, Veranstaltungssaal

Mein Tipp:
Hähnchenbrust mit Gemüsereis in Riesling-Zitronensoße – dazu Erbacher Siegelsberg Riesling alte Reben trocken

Ein vertrautes Stück Rheingau

Für viele Rheingau-Besucher ist „der Oetinger" häufig die naheliegendste Anlaufstelle im Rheingau. Die Brüder Robert und Eberhard von Oetinger waren mit die ersten, die nach dem Krieg die Straußwirtschaft populär machten. Wochenweise betrieben sie abwechselnd die Straußwirtschaft – quasi im Wohnzimmer des historischen Gutshauses und im lauschigen Garten. „Zum Oetinger in Erbach gehen" wurde schnell ein Begriff. 1966 trennten sich die Brüder wirtschaftlich: Robert fing gleich nebenan mit einem einfachen Zweckbau komplett neu an. „Zum jungen Oetinger" hieß der Betrieb – immerhin Mitglied im VdP. Die Leute sagten: „Beim alten Oetinger sitzt man besser, beim jungen ist der Wein besser." Roberts Enkel Achim von Oetinger ist seit 20 Jahren im Betrieb und hat ihn 2004 von seinen Eltern übernommen. 2013 dann die große Veränderung: Der Gutsausschank „Alter Oetinger" wurde geschlossen – das Gutshaus hat ein Investor erworben. Keller, Hotel und die Weinberge hat Achim von Oetinger übernommen: Sein Betrieb wuchs von 7,5 auf 12 Hektar. Die Weine aus Erbacher Lagen sind geschliffene Rieslinge – ohne betonte Säure. Im Programm sind auch Grauburgunder und Spätburgunder im Barrique vertreten. Ehefrau Julia (sie haben vier Kinder) leitet die Gutsschänke. Die Speisekarte bietet ein breites Gutsschänkenangebot mit saisonalen Spezialitäten. Drinnen und draußen sitzt man recht gemütlich – das Ambiente ist ein angenehmer Mix aus Tradition und Moderne.

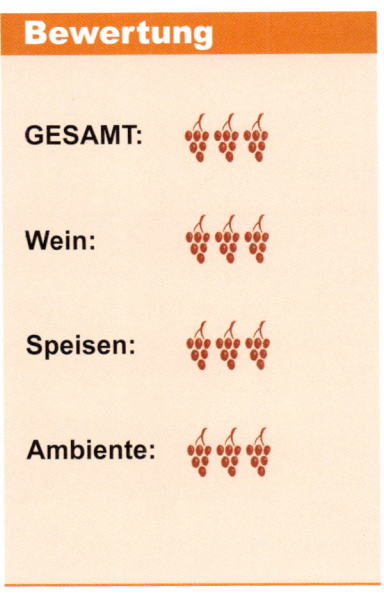

Bewertung

GESAMT:	🍇🍇🍇
Wein:	🍇🍇🍇
Speisen:	🍇🍇🍇
Ambiente:	🍇🍇🍇

Weingut Sohns Straußwirtschaft

Hospitalstraße 25
65366 Geisenheim
Tel. 06722/8940
info@weingut-sohns.de , www.weingut-sohns.de

Öffnungszeiten:
10 Tage Rheingauer Schlemmerwoche täglich ab 16 Uhr, So + Fei ab 13 Uhr;
6 Wochen Anfang August – Mitte September: Mi – So ab 16 Uhr

Anfahrt:
B 42 Ausfahrt Geisenheim-West/Marienthal, im Kreisel nach rechts Richtung Marienthal, nach der Bahnunterführung den Hinweisschildern folgen

Parken:
an der Hospitalstraße

Reservierungen:
Reservierungen sind nicht möglich

Anzahl der Sitzplätze:
innen: 30, außen: 60
(Terrasse 30 / Hof 30)

Besonderheiten:
Sektfrühstück während der Rheingauer Schlemmerwoche, Weinproben mit Kellerführung, Weinwanderungen

Mein Tipp:
Pizza-Weck mit Tomaten, Pilzen, Schinken, Salami und Käse überbacken – dazu Spätburgunder >>M<<.

Das 2-Generationen-Weingut

Erich und Sabine in dritter und Pascal und Denise in vierter Generation führen gemeinsam das Weingut in „kreativer Harmonie". Das Engagement von Pascal scheint dem Weingut neue Qualitätsimpulse zu geben. „Begleiten Sie uns auf den spannenden Weg in die Zukunft": Durch sorgsame Arbeit und mit großer Leidenschaft hat sich die Familie in einen Entwicklungsprozess begeben. Sohns versprechen Qualität und teilen ihre Produktpalette nach dem Muster klarer Marketingbotschaften in vier Qualitätsstufen ein: esprit (Basic für jeden Tag), elegance (authentische, feinfruchtige Ortsweine), excellence (gehaltvolle Selektionsweine) und perfection (große und komplexe Weine). Dieses Versprechen lösen sie durchaus ein: Schon die einfachen Rieslinge sind ansprechend, der Weißburgunder und die Rieslinge aus der Kategorie excellence und das Erste Gewächs der Spitzenlage Kläuserweg begeistern. Vielversprechend ist auch die Entwicklung des Spätburgunders M. Der Erfolg der Bemühungen: steigende Beachtung des Weingutes in den großen Weinführern und die Berücksichtigung in dem Buch „Die Avantgarde der deutschen Winzer: Slow Wine." Zweimal jährlich öffnet die Familie Sohns kurz ihr Weingut als Straußwirtschaft. Die Anzahl der Plätze innen und außen ist überschaubar: Im Hof sitzt man ganz angenehm. Unter der Leitung von Sabine Sohns serviert die Küche eine vielseitige Auswahl kleinerer Gerichte, denn: Der Wein soll im Mittelpunkt stehen. Pascal Sohns blickt über den eigenen Weinberg hinaus: Zusammen mit sechs weiteren renommierten Weingüter hat er den Verein Zeilensprung gegründet.

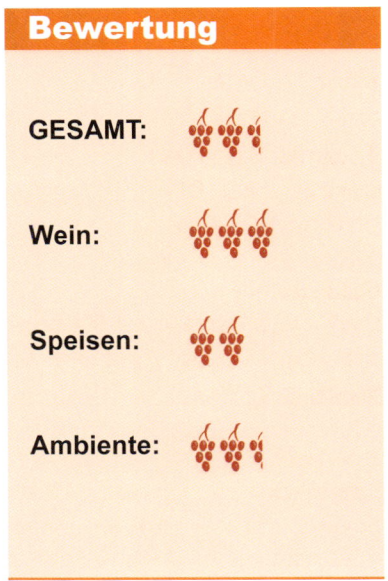

Bewertung

GESAMT:

Wein:

Speisen:

Ambiente:

Weingut Schumann-Nägler Gutsschänke

Nothgottesstraße 29
65366 Geisenheim
Tel. 06722/5214
Schumann-Naegler@t-online.de
www.Schumann-Naegler.de

Öffnungszeiten:
Mitte März – Ende Dezember: Mi – Sa ab 17 Uhr, So, Fei ab 15 Uhr

Anfahrt:
B 42, Ausfahrt Geisenheim-West/ Marienthal, Kreisverkehr 1. rechts Rüdesheimer Straße, links Von-Lade-Straße, weiter auf Nothgottesstraße – Gutsschänke liegt am Ortsausgang links

Parken: großer Parkplatz am Weingut

Reservierungen:
Reservierungen sind begrenzt möglich

Anzahl der Sitzplätze:
innen: 80, außen: 80

Besonderheiten:
Kelterhaus für Veranstaltungen und Familienfeiern, Jazz im Weingut, VDP

Mein Tipp:
Schumanns Flammkuchen – dazu Hattenheimer Schützenhaus Kabinett trocken

Ein Familienweingut schreibt Weingeschichte

1438 wurde in Frankfurt Albrecht II. zum römisch-deutschen König gewählt – mit ihm begann die über Jahrhunderte dauernde Regierungszeit der Habsburger im Heiligen Römischen Reich. In Hattenheim im Rheingau wurde 1438 im Güterverzeichnis des Klosters Tiefenthal ein Hermann Schumann mit drei Morgen Land erwähnt – dies ist der erste urkundliche Beleg über die Familie Schumann. Das erste Familienmitglied, das sich in der Chronik als Weinbauer findet, war Niclas Schumann in Hattenheim. 2013 feierte die Familie ihre 575 Jahre Weintradition – ein ungewöhnliches Jubiläum. Gegen Ende des Ersten Weltkriegs siedelte das Weingut Schumann nach Geisenheim um – durch Heirat mit der Winzertochter Nägler kamen zusätzliche Flächen in den Betrieb und das Weingut heißt seitdem Schumann-Nägler. Ende der 80er-Jahre kaufte Fred Schumann ein Weingut mit 3,5 Hektar Hattenheimer Weinbergen – so bleibt ein Teil aus der Frühgeschichte der Familie erhalten. Mit Fred (Betriebsleiter) und Ulrike Schumann (Gutsausschank) sowie den Söhnen David (Kellermeister) und Philipp (Vertrieb) sind heute Generation 24 und 25 im Weingut aktiv. Die Geisenheimer, Winkeler und Hattenheimer Weinberge sind zu 90 % mit Riesling bestockt, zudem werden Spätburgunder und Weißburgunder angebaut. Die Schumannschen Rieslinge gefallen mit durchgängiger Qualität, fruchtigen Aromen und eingebundener Säure. Auf der Speisekarte finden sich gängige Gutsschänkengerichte. Sowohl von innen als auch vom wunderschönen Garten aus hat man einen sensationellen Blick bis zum Donnersberg.

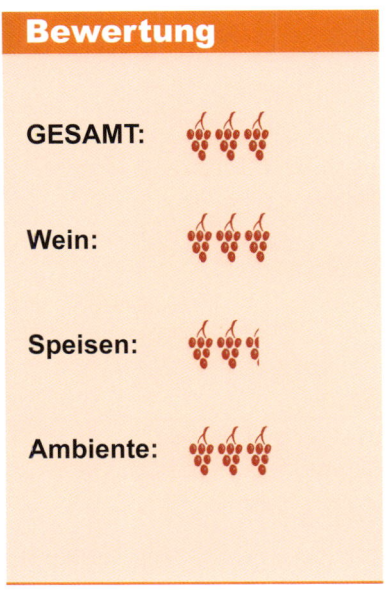

Bewertung

GESAMT: 🍇🍇🍇🍇

Wein: 🍇🍇🍇🍇

Speisen: 🍇🍇🍇

Ambiente: 🍇🍇🍇🍇

„Stettler's Weinstube" Gutsschänke

Am Geiersberg 3
65375 Oestrich-Winkel / Hallgarten
Tel. 06723/886706
mail@stettlers-weinstube.de,
www.stettlers-weinstube.de

Öffnungszeiten:
Mi – Fr ab 17 Uhr, Sa ab 15 Uhr, So, Mo + Di Ruhetage
Mai, Juni, Juli und während der Traubenlese geschlossen

Anfahrt:
B 42 Abfahrt Oestrich, im Kreisel Richtung Hallgarten, links Richtung Hallgarten, am Ortseingang 2. Straße rechts

Parken:
eigener Parkplatz u. auf der Straße

Reservierungen:
Reservierungen sind möglich

Anzahl der Sitzplätze:
innen: 64, außen: 40

Besonderheiten:
selbst gemachte Dekorationen und Marmeladen

Mein Tipp:
Variation vom Räucherlachs mit Pellkartoffeln – dazu einen Hallgartener Hendelberg Riesling QbA halbtrocken

Wie bei Stettlers auf dem Sofa

Auf den ersten Blick ist das Haus nicht als Weinstube erkennbar, sondern wirkt wie ein Wohnhaus. Der Eindruck bleibt beim Eintritt erhalten und wird von den freundlichen Wirtsleuten Ernst und Ute Stettler bestätigt: Hier hat der Gast ein wenig das Gefühl, sozusagen beim Winzer „im Wohnzimmer" den Wein zu verkosten. Die Einrichtung mit Orientteppichen und Wanduhr unterstreicht das privat gehaltene Ambiente. Die Stimmung in der Weinstube ist fröhlich und ausgelassen. Ernst Stettler bedient mit jovialem Winzercharme. Auf der Speisekarte ist eine ordentliche Anzahl üblicher Weinspeisen verzeichnet: Salat, Käse, Putensteak, Wurstsalat mit Bratkartoffeln. Weiterhin stehen an der Tafel mit Kreide geschriebene Saisongerichte: z. B. Gulaschsuppe, gefüllte Nudeln mit Käse überbacken und leckere Rotweinpflaumen mit Vanilleeis. Die Portionen sind recht groß, die Salate werden mit schmackhaftem Joghurt-Senf-Dressing serviert: Ute Stettler hat die Küche im Griff.

Ernst Stettler bearbeitet sechs Hektar Weinberge: vor allem in Hallgarten, aber auch in Oestrich. In Hallgarten hat er Rebstöcke in den bekannten Lagen Jungfer, Mehrhölzchen, Schönhell, Würzgarten und Hendelberg. Rheingautypisch baut er die Weißweine im Edelstahltank und die Rotweine im großen Holzfass und im Barrique aus. Die Rieslinge überzeugen mit aromatischem, teilweise mineralisch geprägtem sortenreinen Charakter. Die Säure ist angenehm eingebunden. Die kräftigen Spätburgunder schmecken weich mit zurückhaltenden Tanninen.

Bewertung

GESAMT:

Wein:

Speisen:

Ambiente:

Weingut Hans Bausch Straußwirtschaft

Waldbachstraße 103
65347 Eltville-Hattenheim
Tel. 06723/999203
info@weingut-hans-bausch.de
www.weingut-hans-bausch.de

Öffnungszeiten: April – Mai, August – Oktober: Sa, So, Fei ab 15 Uhr

Anfahrt:
B 42, Ausfahrt Oestrich-Hattenheim, am Kreisverkehr 1. rechts, links durch Unterführung Richtung Hallgarten, rechts in die Lehnstraße, links in die Waldbachstraße

Parken: Parkplatz direkt an der Gutsschänke

Reservierungen:
Reservierungen sind möglich

Anzahl der Sitzplätze:
innen: 45, außen: 60

Besonderheiten:
Schlemmerwoche und offene Keller, Veranstaltungen mit Livemusik

Mein Tipp:
Mediterraner Teller – dazu ein Riesling Kabinett Hattenheimer Schützenhaus trocken, am besten auf der Terrasse genießen mit Blick auf die gleichnamige Lage.

Straußwirtschaft im Grünen

Schon mit 13 Jahren, Ende der 70er-Jahre, half Hans Bausch seinem Opa bei der Weinbergsarbeit: Damals wurden noch Pferde im Wingert eingesetzt. Die Leidenschaft für den Winzerberuf setzte sich bei ihm trotz des Betriebs seiner eigenen Spedition durch: Er absolvierte die Prüfung zum Winzermeister und baute zielstrebig das Weingut auf. Mit einem Weinberg begann Hans Bausch – heute baut er Riesling und Spätburgunderreben auf 10 Hektar in Hattenheimer Spitzenlagen an. Rund 60 % davon sind als „Erste Gewächs"-Lagen klassifiziert. Der Ausbau der Rieslinge mit naturnaher Bodenbearbeitung, Mengenreduzierung und möglichst spätem Lesezeitpunkt bringt elegante Weine mit feiner Frucht in den Keller. Die temperaturgeführte Vergärung im Edelstahltank sorgt für reintönige Weine, die bei der Landesweinprämierung häufig Goldprämierungen erhalten. Spätburgunder bietet Hans Bausch gebietstypisch sowohl aus dem großen Holzfass als auch aus dem Barrique an.

Die Lage der Straußwirtschaft im grünen Tal am Leimersbach ist sehr idyllisch: Auf der Terrasse mit Blick auf die Weinberge sitzt man sehr entspannt. Auch der Innenraum ist geschmackvoll eingerichtet. Zu den Weinen gibt es kleine Leckereien aus der kalten Küche wie Spundekäs, Handkäs oder einen mediterranen Teller mit Schinken und Salami. Während der Schlemmerwoche im Frühjahr und der offenen Kellern im Herbst ist die Speisekarte umfangreicher: Warme Gerichte wie Himmel und Erde oder Schweizer Wurstsalat mit Bratkartoffeln werden dann serviert.

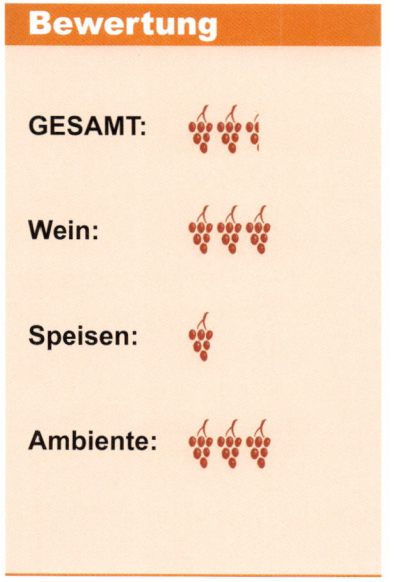

Bewertung

GESAMT:

Wein:

Speisen:

Ambiente:

Gutsausschank Weingut Kopp Gutsschänke

Waldbachstraße 11
65347 Eltville-Hattenheim
Tel. 06723/885335
info@weingut-kopp.de, www.weingut-kopp.de

Öffnungszeiten:
Fr, Sa ab 17 Uhr, So, Fei ab 16 Uhr

Anfahrt:
B 42, Ausfahrt Hattenheim (Shell-Tankstelle), im Oberort, über Bahnlinie hinweg und dann noch 200 m

Parken:
im Hof oder auf angrenzenden Straßen

Reservierungen:
Reservierungen sind möglich und besonders sonntags empfehlenswert

Anzahl der Sitzplätze:
innen: 80, außen: 100

Besonderheiten:
saisonale Gerichte vom Wild und mit Spargel, Dinnershows und Weinwanderungen

Mein Tipp:
Pfefferspieß vom Rinderfilet mit Kräuterbutter und Bratkartoffeln – dazu Kopp à Cabana Rheingau Riesling

Weinwirtschaft mit Musiktheater

Michael Kopp selbst ist schon ein Unterhalter: Wenn er am Tisch dem Gast seine unkomplizierte Weinphilosophie erläutert, dann ist das genussvolle Kleinkunst. Der joviale Weinmacher kümmert sich persönlich um seine Gäste und sorgt für Unterhaltung. Professionelle Musik- und Kabarettunterhaltung finden regelmäßig in der Gutsschänke statt: Opernsänger und Kabarettisten treten in Dinnershows auf. Nebenerwerbswinzer Michael Kopp arbeitet beim Weinbauamt – früher als Berater für die Kellerwirtschaft, jetzt in der Rebenzucht. Darüber hinaus bearbeitet er vier Hektar in Eigenregie. Darunter sind große Lagen wie der Hattenheimer Wisselbrunnen und Schützenhaus, aber Erste Gewächse bedeuten ihm nicht alles: Kopp-Selektion, Spätlesen und Barriqueweine sind für den gehobenen Genuss. Genussfähigkeit ist für ihn wichtig: „Leicht und fruchtig sollen meine Weine sein" – und das sind sie auch. Die Rieslinge, Weißburgunder, Spätburgunder und der Dornfelder „Kopperfield" stehen für unkomplizierten Trinkspaß. In dem hellen, mediterran angehauchten Raum mit dem Klavier in der Mitte sitzt man sehr schön. An der Wand hängen Kunstwerke der künstlerisch talentierten Kopp-Töchter. Michaels Frau Silke ist die Küchenchefin: Die gute Fleischqualität liegt sicher daran, dass sie das Fleischerhandwerk gelernt hat. Richtig gut sind auch die Bratkartoffeln – natürlich mit Speckeinlage. Auf der Tafel steht schon mal „Rheingauer Wildschwein-Gulasch – aus Opas Jagd": Die ganze Familie leistet ihren Beitrag zur Weinwirtschaft. Bei schönem Wetter kann man bei Kopps auch gut draußen sitzen.

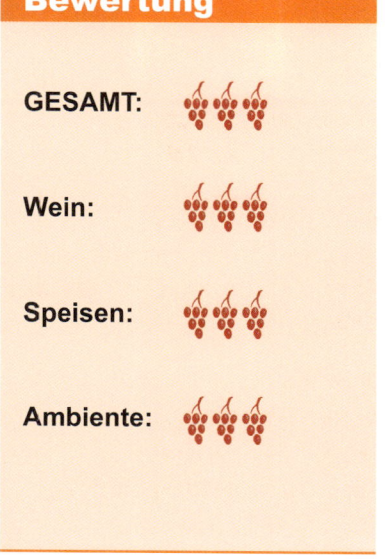

Bewertung

GESAMT:

Wein:

Speisen:

Ambiente:

Dorotheenhof, Weingut Dienst Gutsschänke

Am Weiher 49
65239 Hochheim
Tel. 06146/3722
info@weingut-dienst.de , www.weingut-dienst.de

Öffnungszeiten:
Februar – Mitte Juni, Anfang September – Anfang Dezember:
Mi – Sa ab 17 Uhr, So, Fei ab 16 Uhr

Anfahrt:
A 671 (Mainz-Wiesbaden) Ausfahrt Hochheim-Süd, Richtung Stadtmitte, leicht links auf Mainzer Straße abbiegen, 1. links in Am Daubhaus einbiegen, Kreisverkehr passieren, Königsberger Ring folgen, im nächsten Kreisverkehr 3. Ausfahrt Am Weiher nehmen, bis zum Ende fahren

Parken: am Weingut

Reservierungen: sind möglich

Anzahl der Sitzplätze:
innen: 50, außen: 40

Besonderheiten:
Weihnachtsessen, Jungweinprobe, Vinothek

Mein Tipp:
Scampispieße mit Knoblauchbutter und Weißbrot – dazu Hochheimer Reichestal Riesling Spätlese halbtrocken Alte Rebe

Weinromantik im Wohngebiet

Das Weingut Dorotheenhof war mal ein Aussiedlerhof – über die Jahre ist Hochheim an den Hof herangerückt: Man fährt an Hochhäusern vorbei, um zu dem Gutsausschank im Grünen zu gelangen. 1964 wurde der Betrieb mit Ackerbau und Viehhaltung von den Großeltern von Thorsten Dienst gegründet – in den 70er-Jahren bauten seine Eltern Hermann und Ingrid Dienst den Hof zum Weingut mit Straußwirtschaft um. Thorsten Dienst geht diesen Weg konsequent weiter: Er hat eine attraktive Vinothek gebaut und den Gutsausschank modernisiert. Zwei Generationen der Familie bearbeiten heute elf Hektar Weinberge in Hochheimer Lagen. Überwiegend Riesling wird angebaut, aber Winzermeister Thorsten Dienst hat Weißburgunder, Spätburgunder und auch einen Gewürztraminer im Sortiment. Diese geschätzte Bouquetsorte ist eher selten im Rheingau. Die Rieslinge überzeugen mit klarer Frucht – aus der Hochheimer Hölle bietet das Weingut ein ansprechendes Erstes Gewächs an. Gefällig sind auch der Weißburgunder und die Rotweine. Im beliebten Gutsausschank stehen die Besucher schon vor der Öffnung geduldig an: Drinnen ist es gemütlich, man sitzt auch im Hof ganz nett. Die Speisekarte offeriert mit einer Salatauswahl, mediterranen Tapas, der Hausspezialität Hacksteakvariationen sowie Schnitzel und Bratwurst eine rustikale Auswahl. Der Service ist freundlich und flott.

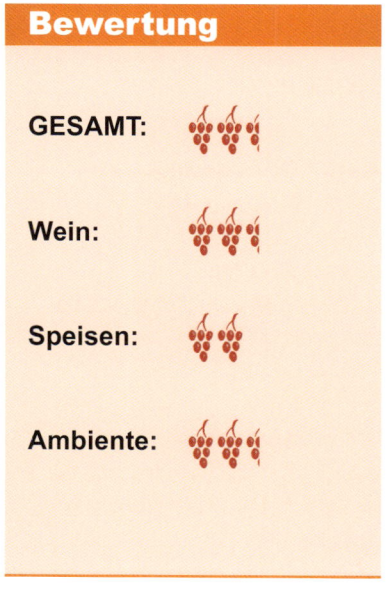

Bewertung

GESAMT:

Wein:

Speisen:

Ambiente:

Mitter-Velten Gutsschänke

Frankfurter Straße 31
65239 Hochheim
Tel. 06146/9101
weingut-mitter@gmx.de, www.weingut-mitter.de

Öffnungszeiten: Mitte Januar – Ende Februar, Mitte März – Mitte April, Anfang Mai – Ende August, Mitte September – Mitte Dezember: Fr, Sa, Mo ab 16.30 Uhr, So + Fei ab 15.30 Uhr

Anfahrt: A 671 (Mainz-Wiesbaden) Ausfahrt Hochheim-Süd, Richtung Stadtmitte, leicht links auf Mainzer Straße abbiegen, 1. links in Am Daubhaus einbiegen, 1. rechts in Burgeffstraße, rechts in Delkenheimer Straße, links in Frankfurter Straße

Parken: an der Gutsschänke

Reservierungen:
Reservierungen sind möglich

Anzahl der Sitzplätze:
innen: 120, außen: 60

Besonderheiten:
beheizter Innenhof, Raucherraum für 25 Personen, Country Festival mit Linedance, Pfingst-Hoffest

Mein Tipp: Rieslingsteak mit Kräuterbutter und Bohnensalat – dazu eine Hochheimer Kirchenstück Riesling Spätlese Premium

Weinwirtschaft in der Stadt

Hochheim verbreitet für den Rheingau ein eher untypisches Kleinstadt-flair – im Umfeld einer Geschäftsstraße fällt dem Weinfreund das Wein-gut Mitter-Velten umso angenehmer auf. Obwohl die Weinbautradition in der Winzerfamilie auf das Jahr 1795 zurückgeht: Erst seit 2003 wurde aus zwei Weingütern eines, erst 2008 wurde der neugebaute Gutsaussschank eröffnet. In dem großzügigen Hof sitzt man gemütlich unter einem großen Schirm – dank Heizstrahlern dauert die Outdoor Saison hier ein paar Tage länger. Im großen Gastraum sorgt das Kreuzgewölbe für ein weinaffines Ambiente: Eine kundenorientierte Weinstube mit herzlicher Bedienung er-wartet den Gast. Es gibt sogar ein separates Raucherzimmer.

Die Chefin steht hier selbst in der Küche: Sabine Mitter bereitet die Spei-sen zu – üppige Portionen zu einem günstigen Preis-Leistungsverhältnis. Weinstubengerecht stehen Schnitzel, Bratwurst, Spundekäs und Käsetel-ler auf der Karte, aber auch Zanderfilet mit Reis.

Winzer Martin Mitter hat in Bad Kreuznach seine Weinbautechnikerprüfung absolviert und bewirtschaftet etwas über acht Hektar Weinberge: 3,4 ha in Flörsheim, 4,8 ha in Hochheim. Nahezu ausschließlich Rieslinge und Spätburgunder – dazu etwas Grauburgunder und Dornfelder. Die Rieslinge werden überwiegend im Edelstahltank ausgebaut. Spätburgunder reifen im großen Holzfass – in guten Jahren kommen sie auch schon mal in kleine Barriquefässer. Die Weine haben eine klare Stilistik mit wenig Säure. Kel-lermeister Martin Mitter folgt dem Geschmack seiner Kundschaft: Selbst die trockenen Rieslinge verfügen über eine natürliche Restsüße.

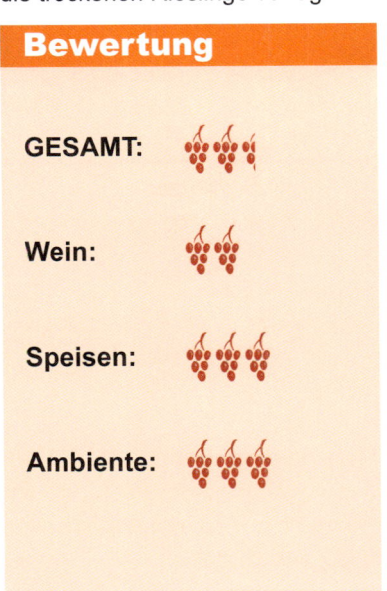

Bewertung

GESAMT:

Wein:

Speisen:

Ambiente:

Zum Woigiggel Gutsschänke

Neudorfgasse 8
65239 Hochheim
Tel. 06146/7696
info@woigiggel.de, www.woigiggel.de

Öffnungszeiten:
Mi + Fr ab 17 Uhr, Sa, So, Fei ab 16 Uhr;
vier Wochen vor Aschermittwoch und zwei Wochen im Juli geschlossen

Anfahrt:
A 671 (Mainz-Wiesbaden) Ausfahrt Hochheim-Süd, Richtung Stadtmitte, rechts Mainzer Straße, links Am Daubhaus, 1. rechts Burgeffstraße, 3. rechts Weiherstraße, 1. rechts Neudorfgasse

Parken:
am Rande der Altstadt

Reservierungen:
Reservierungen sind möglich

Anzahl der Sitzplätze:
innen: 43, außen: 45

Besonderheiten:
rollende Weinprobe, Weinbergs- und Altstadtführungen

Mein Tipp:
„Hähnschebrust mediterran mit überbacke Gemies unn Röstieckscher" – dazu Rheingauer Landwein trocken Weißherbst vom Spätburgunder

En ordentlich kloa Woistubb

Das sehr kleine Häuschen in dem Gässchen am Rande der Hochheimer Altstadt ist schon sehr putzig. Man fragt sich, wie die Gäste alle Platz bekommen. Ganz einfach: Man rutscht zusammen. Der Woigiggel ist urig im besten Sinne. Ludwig Velten und sein Sohn Jan bearbeiten gerade mal knapp drei Hektar Weinberge. In der selbstständigen Form gibt es das Weingut seit 1993 – vorher wurden die Trauben an die Genossenschaft abgeliefert. Auf Hochheimer Lagen bauen die Veltens Riesling, Roter Riesling, Gelber Orleans, Spätburgunder, Schwarzriesling und die pilzresistente Sorte Rondo an. Ungewöhnlich: Ihre Weine vermarkten die Veltens als Landwein – auch wenn die Voraussetzungen für höhere Qualitätsstufen erfüllt sind. Die Kundschaft stört es nicht: Ihr schmeckt der Wein – auch ohne die Bezeichnungen QbA, Kabinett oder Spätlese. Auf der im Dialekt geschriebenen Karte werden die Weine deftig beschrieben: „des is en forztrockene", „kräftische Kärscharoma, en leischte Holzton". Wer die hessische Mundart beherrscht, weiß dann genau wie der Wein schmeckt. Auch die Speisekarte bleibt im Dialekt: „Semmel-Knehdel-Ufflahf" und „Rhoigauer Brotsalat". Sonja Velten kocht die leckeren Gerichte: Fleisch vom Federvieh ist die Spezialität. Am ersten Samstag im Monat (und am Freitag davor) ist „Giggelstag". Da kommt Hähnchenfleisch frisch vom Bauernhof auf den Tisch. Hier gilt es, früh einen Platz in der Stube oder im gemütlichen Innenhof zu reservieren: Die „Giggel" sind sehr beliebt.

Bewertung

GESAMT:

Wein:

Speisen:

Ambiente:

Abteihof St. Nicolaus Gutsschänke

Grund 19/21
65366 Geisenheim-Johannisberg
Tel. 06722/8754
weingut@odernheimer.de, www.odernheimer.de

Öffnungszeiten:
Februar – Anfang Juni, November – Mitte Dezember: Fr, Sa, So, Mo ab 17 Uhr

Anfahrt:
B 42, Ausfahrt Geisenheim, links in Chauvignystraße, rechts in Industriestraße, links in Grund abbiegen

Parken: 7 Parkplätze im Hof, in den Straßen rund um die Gutsschänke

Reservierungen:
Reservierungen sind möglich

Anzahl der Sitzplätze:
innen: 48, außen: 35

Besonderheiten:
drei Gästezimmer

Mein Tipp:
„Lachsmax": Vollkornbrot mit Räucherlachs und Kräuteromelette – dazu Johannisberger Hölle Riesling Kabinett trocken

Weinhof mit Geschichte

Die Karikatur eines verschmitzten Winzers mit Halbbrille, vom Rheingauer Künstler Michael Apitz gezeichnet, ist das Logo des Abteihofs. Der Senior, Winzermeister Claus Odernheimer ist durchaus gut getroffen: Der redegewandte Johannisberger hat das Zeug zu einem Original. „Klare Weine ohne Hokuspokus – Experimente überlassen wir den Jungen!", ist eines seiner Leitmotive. Er hat schon immer Wein im großen Holzfass ausgebaut, mittlerweile auch im Edelstahltank und im Barrique. 20 Morgen, das sind 5 Hektar, bearbeitet er in Johannisberger, Geisenheimer und Winkeler Lagen. Der älteste Teil der zum Weingut gehörenden Gebäude stammt aus dem 15. Jahrhundert, der Anbau von 1634. Bis zur Säkularisierung war eine Abtei die Eigentümerin – daher kommt der Name des Weingutes. Seit 1860 ist das Anwesen nun im Familienbesitz. Den Gutsausschank sowie das Weingut hat 2013 Tochter Valerie Odernheimer übernommen. Die Küche betreut ihr Lebensgefährte Frank Langer, Vater Claus Odernheimer hilft mit. Umfang und Abwechslung der Speisekarte mit Tagesempfehlungen entsprechen gutem Weinwirtschaftsniveau. Die Sülze kommt vom Vogelsberg und wird eigens für den Abteihof produziert – der Kartoffelsalat ist selbst gemacht. Der Käse stammt aus dem Allgäu: Auch dorthin liefert Familie Odernheimer ihren Wein. Ungewöhnlich für den Riesling-Rheingau: Ein Rivaner steht als „Nr. 1" auf der Karte. Die Winzer im „Johannisberger Grund" arbeiten gut zusammen: Der Perlwein Weißherbst „Ein guter Grund" ist eine Gemeinschaftsproduktion.

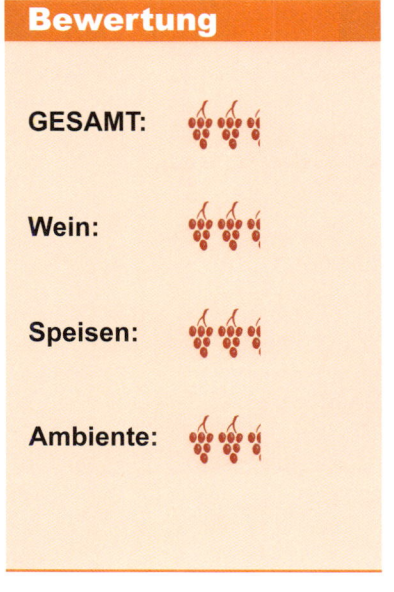

Bewertung

GESAMT:

Wein:

Speisen:

Ambiente:

Weinhof Goldatzel Gutsschänke

Hansenbergallee 1a
65366 Johannisberg
Tel. 06722/50537
wein@goldatzel.de, www.goldatzel.de

Öffnungszeiten: Mi – Fr ab 15 Uhr, Sa, So + Fei ab 14 Uhr, Mitte November – Anfang März geschlossen

Anfahrt:
B 42, Abfahrt Winkel/Johannisberg. Ausschilderung Johannisberg folgen. Gabelung Ecke Café Moser rechts Richtung Stephanshausen, nach 200 Metern links

Parken: an der Gutsschänke

Reservierungen: Reservierungen sind leider nicht möglich. Das Personal ist aber immer bemüht Gäste unterzubringen

Anzahl der Sitzplätze:
drinnen: 60, draußen: 60

Besonderheiten:
toller Blick auf das Rheintal, neben fester Karte wechselnde Angebote

Mein Tipp:
Avocado mit Büffelmozzarella – dazu eine Johannisberger Hölle Riesling Spätlese halbtrocken

Weingenuss mit Aussicht

Die „Goldatzel" entspricht in jeder Hinsicht der klassischen Vorstellung einer gemütlichen, hochwertigen Gutsschänke: Der engagierte Familienbetrieb mit Gerhard Groß im Weingut sowie Andrea Groß in der Küche verwöhnt mit ansprechenden Weinen und authentischen Regionalgerichten in traumhafter Lage. Mit Sohn Johannes arbeitet schon die nächste Generation mit. „Der Wein steht bei uns im Vordergrund!", betont Andrea Groß. Das zehn Hektar Weingut betreibt Weinbau seit dem 16. Jahrhundert – die 1977 eingerichtete Gutsschänke gehört zu den beliebtesten Adressen im Rheingau. Der Gastraum wurde in den letzten Jahren immer wieder geschmackvoll aufgefrischt und bietet – wie die große Terrasse – einen Panoramablick auf das Rheintal. Die Speisekarte offeriert typische Rheingauer Gerichte wie Spundekäs', Handkäs', Wildsülze mit Bratkartoffeln und Winzerweck, aber auch leckere Salate und Fischangebote. Auch im größten Trubel (vor allem bei schönem Wetter) zeigt sich der wieselflinke Service dem Ansturm jederzeit freundlich gewachsen. Die Weinqualität hat sich in den letzten Jahren stetig weiterentwickelt: Markante Rieslinge mit ausgeprägten Fruchtaromen überzeugen ebenso wie ausgereifte Spätburgunder. Stetige Investitionen in die Kellertechnik (hochwertige Lagerfässer) und bei Neuanpflanzungen zahlen sich aus: Die 2014er trockene Riesling Spätlese „Bestes Fass" und die 2014 Geisenheimer Kläuserweg Riesling Spätlese feinherb sind ausgezeichnete Weine und dabei günstig. Charaktervoll mit typischen Burgunderaromen begeistern die Spätburgunder im Sortiment – sogar der seltene Frühburgunder ist vertreten.

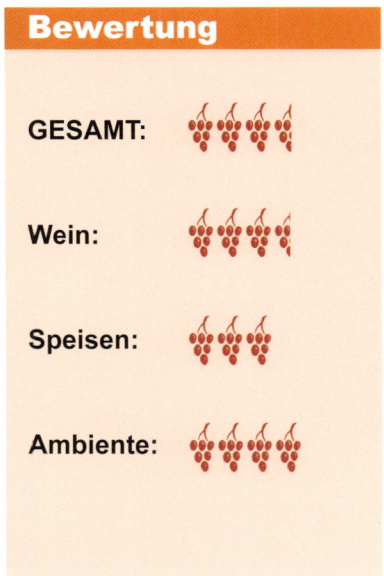

Bewertung

GESAMT:

Wein:

Speisen:

Ambiente:

![Innenraum der Gutsschänke mit Kerzen und Holztischen]

Weingut Hanka Gutsschänke

Grund 41
65366 Johannisberg
Tel. 06722/8879
info@weingut-hanka.de, www.weingut-hanka.de

Öffnungszeiten:
1. Januar – Februar/März, Ende Oktober – Mitte November, täglich ab 16 Uhr,
Mo, Di Ruhetag

Anfahrt:
B 42, Abfahrt Geisenheim/Johannis-
berg, Richtung Johannisberg, nach
Ortseinfahrt auf linker Seite

Parken:
Parkplatz im Hof

Reservierungen:
Reservierungen sind nicht möglich

Anzahl der Sitzplätze:
innen: 60, außen: keine

Besonderheiten:
historisches Gebäude

Mein Tipp:
Rührei mit Speck und Bratkartoffeln –
dazu Geisenheimer Kläuserweg Riesling Spätlese trocken (unser bestes
Fass)

Ein Gutsausschank mit Kultstatus

Es ist im Rheingau nicht ungewöhnlich, dass sich vor Straußwirtschaften und Gutsschänken schon vor der Öffnung Trauben ungeduldig wartender Gäste bilden, beim Weingut Hanka ist diese Erscheinung noch ausgeprägter: Häufig stehen schon um 15.30 Uhr viele Weinfreunde vor der Tür. Der Gutsausschank genießt Kultstatus – warum genau ist schwer zu sagen: Weder ist das Weingut in den großen Weinführern vertreten noch unterscheidet sich die Küche von denen anderer Gutsschänken. Wahrscheinlich ist es eine Kombination aus mehreren Faktoren: Die Weine von Veit Hanka sind durchweg von sehr guter Qualität und bereiten hohe Trinkfreude – Weine für den Gaumen und nicht für die Galerie, zu einem sehr guten Preis-Leistungs-Verhältnis. Zudem fühlt man sich bei der Familie Hanka immer sehr willkommen: Als ob man bei Freunden zu Besuch wäre. Rund zehn Hektar bearbeiten Hankas in Geisenheimer, Johannisberger und Winkeler Lagen – Riesling dominiert, aber auch Sauvignon Blanc sowie Weiß- und Spätburgunder sind im Programm. Mit dem Einstieg von Sohn Sebastian ins Weingut ist nun die dritte Generation vertreten. Der Junior dreht mit dem Spitzenwein „Generation3" und Barriqueeinsatz beim Rotwein weiter an der Qualitätsschraube. Sigrid Hanka zeichnet für die gradlinigen Gerichte verantwortlich: Die klassischen, einfachen Gutsschänkengerichte schmecken „wie in Omas Küche" und sind frisch zubereitet. Die Geräume mit origineller Streifentapete und den exakt dazu passenden Gemälden eines Johannisberger Künstlers sind urgemütlich.

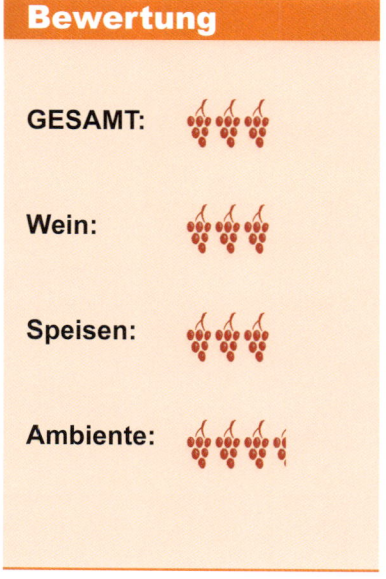

Bewertung

GESAMT:

Wein:

Speisen:

Ambiente:

Gutsausschank Trenz Gutsschänke

Schulstraße 1+3
65366 Johannisberg
Tel. 06722/7506311
gutsausschank@weingut-trenz.de, www.weingut-trenz.de

Öffnungszeiten:
Mi – Sa ab 16 Uhr, So, Fei ab 12 Uhr

Anfahrt:
B 42, Ausfahrt Geisenheim/Johannsiberg, Richtung Johannisberg, am Schloss vorbei, rechts in die Rosengasse, links in die Schulstraße, rechts, wieder rechts auf Parkplatz, Eingang zum Weingut vom Parkplatz oder von der Schulstraße

Parken: Parkplatz im Hof

Reservierungen:
Reservierungen sind möglich

Anzahl der Sitzplätze:
innen: 88, außen: 86

Besonderheiten:
historischer Gewölbekeller, Rotweine aus Südafrika, Weinproben, Weinwanderungen

Mein Tipp:
Kross gebratene Dorade mit Spargelrisotto und Zitronenschaum – dazu Weißburgunder & Sauvignon Blanc Cuvée

Trenz setzt Trends

Im Rheingau erregte es Aufsehen, als Michael Trenz und seine Frau Bo Maria, studierte Architektin, 2007 die bestehende Straußwirtschaft im Ortskern von Johannisberg radikal umbauten: modern und trotzdem warm, gestylt und trotzdem ländlich, ungewöhnlich und trotzdem vertraut. Die Neuinterpretation des Themas Weinwirtschaft mit einheimischen, natürlichen Materialien kam beim Publikum sehr gut an: Die Weinstube, der lichte Innenhof, der aufgewertete historische Keller – Trenz hat ein Statement gesetzt. Dies gilt ebenso für die Weine: Durch akribische Arbeit ist es Michael Trenz gelungen, in den letzten Jahren die Qualität seiner Rieslinge, Weiß- und Spätburgunder und des Sauvignon Blancs um den entscheidenden Schritt zu verbessern. Die charakterstarken Weine verfügen über eine spürbare Säure, klare Aromen und einen schmeckbaren mineralischen Ton. Seit 1670 gibt es Weinbau in der Familie – heute bearbeitet Michael Trenz 14 Hektar Johannisberger und Rüdesheimer Lagen. Zudem hat er zwei Hektar in Stellenbosch/Südafrika gepachtet: Aus den Rebsorten Shiraz, Malbec, Petit Verdot und Merlot kreiert er ein ansprechendes, kräftiges Rotwein Cuveé – genannt Trenz 2two. Das Angebot im Gutsausschank vom kreativen Küchenchef reicht von einfachen Speisen zum Wein wie Spundekäs oder Flammkuchen bis hin zu aufwendigen Gerichten wie zweierlei Stubenküken mit Karotten-Ingwer-Püree. Man sitzt drinnen sehr gemütlich – im Winter mit Kaminfeuer, draußen im Hof sehr lauschig.

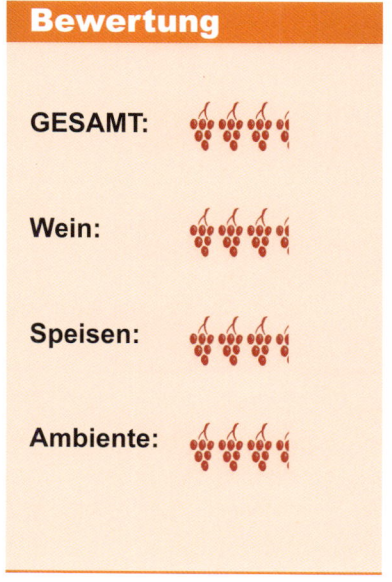

Bewertung

GESAMT:	🍇🍇🍇🍇
Wein:	🍇🍇🍇
Speisen:	🍇🍇🍇
Ambiente:	🍇🍇🍇🍇

Weinwirtschaft Speicher-Schuth Gutsschänke

Suttonstraße 23
65399 Kiedrich
Tel. 06123/81421
info@speicher-schuth.de, www.speicher-schuth.de

Öffnungszeiten:
März – Mai, November – Mitte Dezember: Mi – Sa ab 17 Uhr

Anfahrt:
B 42, Ausfahrt Kiedrich/Eltville-Mitte, Kiedricher Straße Richtung Kiedrich, Eltviller Straße, Marktstraße, leicht rechts abbiegen in Suttonstraße

Parken:
Parken in den umliegenden Straßen

Reservierungen:
Reservierungen sind möglich

Anzahl der Sitzplätze:
inner: 42, außen: 36

Besonderheiten:
schöne Aussicht

Mein Tipp:
Rumpsteak mit Champignons – dazu ein Pinot Noir trocken

Weinwirtschaft unterm Dach juchhe

Ei, wo ist denn hier die Weinwirtschaft? Eine Tafel im Hof von Spei-cher-Schuth mit einem Pfeil und einer Zickzacklinie gibt den Hinweis: Die Treppe hoch – oben unter dem Dach wird man fündig. Von der Terrasse hat man einen schönen Blick auf die Ruine Scharfenstein. Innen fühlt man sich wie in einer gemütlichen Dachwohnung: Helles Holz dominiert, die Stühle sind sehr bequem. Das Weingut gibt es erst in der zweiten Generation: Ralf Schuth hat den Betrieb 1995 von seinem Vater übernommen. Rasch hat er sich mit seinen ausdrucksstarken Rieslingen aus vier Kiedricher Spitzenla-gen einen Namen erarbeitet. Als Lagenweine vermarktet, zeigen sie ihren Charakter: Der trockene Kiedricher Wasseros Riesling mit feiner Frucht und mineralischer Note weiß besonders zu gefallen. Auf 13 Hektar werden zu 78 % weiße Rebsorten angepflanzt – neben Riesling auch Chardonnay und Weißburgunder. Die Burgunder inklusive Spätburgunder wachsen auf Eltviller und Erbacher Weinbergen, die für das erste Gewächs klassifiziert sind. Seine Rotweine baut Ralf Schuth im großen Holzfass, zum Teil auch im Barrique, aus. Die Barrique-Weine sind schnell ausverkauft: 1.500 Fla-schen Cabernet Franc wurden schon mal an einem Wochenende verkauft. Im Gutsausschank ist der Weinmacher oft präsent und pflegt den Kontakt zu seinen Gästen. Seine Frau Annamaria stammt aus Ungarn und hilft mit, soweit es die Betreuung ihres kleinen Sohnes zulässt. In der Küche berei-ten die Seniorchefs Karl-Heinz und Renate Schuth die leckeren Gerichte zu. Karl-Heinz Schuth hat sich besonders auf argentinische Steaks spezi-alisiert: Er kauft das Fleisch persönlich ein und brät die Steaks meisterhaft.

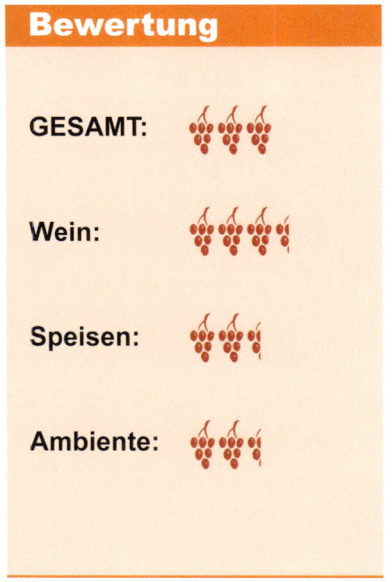

Bewertung

GESAMT:

Wein:

Speisen:

Ambiente:

Weingut Friedrich Altenkirch **Gutsschänke**

Binger Weg 2
65391 Lorch
Tel. 06726/830012
info@weingut-altenkirch.com
www.weingut-altenkirch.de

Öffnungszeiten:
Mitte April – Ende Oktober, Fr + Sa ab 17 Uhr, So + Fei ab 12 Uhr

Anfahrt:
B 42, in Lorch an der Rheinuferstraße parken, durch Unterführung rechts zur Rheinstraße laufen, dann in Binger Weg einbiegen

Parken:
eigener Parkplatz

Reservierungen:
Reservierungen sind möglich

Anzahl der Sitzplätze:
drinnen: 80, draußen: 60

Besonderheiten:
Boogie im Weingut im Juni, Advent im Keller am 1. Adventssonntag jeweils mit Jahrgangspräsentation

Mein Tipp:
Gefüllte Kräuterpfannkuchen mit Ofengemüse – dazu Lorcher Riesling Grauschiefer, trocken

Historisches Kleinod im Rheintal

Das schmucke Neurenaissance-Gebäude wurde bei der Gründung des Weinguts 1826 erbaut: Die Schwanenkellerei Friedrich Altenkirch stellte die Versorgung des renommierten Hotels „Zum Schwan" mit Wein sicher. Der Durchbruch für das Weingut kam 1912: Kaiser Wilhelm II. stieg im Hotel ab, genoss Rhein-Salm und den Wein: Altenkirch stieg zum Hoflieferanten auf. 1935 erwarb Dr. Franz Breuer das Weingut – heute gehört es der Tochter Franziska Breuer-Hadwiger. Knapp 15 Hektar Lorcher Steillagen betreut das Altenkirch-Team um Kellermeister Jasper Bruysten – Kletterarbeit bei bis zu 60 % Hanglage. Die Philosophie: Alte Anlagen werden erhalten, lange Reifezeiten und alte Rieslingklone sorgen für extraktreiche Weine. Die historische Kellerarchitektur mit drei tief in den Berg getriebenen Gänge hilft bei der schonenden Traubenverarbeitung: Durch die Hanglage werden Most und Wein nur minimal gepumpt. Temperaturgesteuerte Gärung sorgt für die optimale Entwicklung der Aromen. Die terroirgeprägten Weine sind charakterstark und beeindrucken mit schiefer-mineralischen Aromen. Restaurantleiter Ronny Licht organisiert die Gastronomie in dem schmucken historischen Ambiente und der neugebauten Terrasse mit dem tollen Rheinblick. Die Speisekarte würde so manches Restaurant schmücken: Küchenchef Michael Auerswald ermuntert mit kreativen Gerichten wie Entenbrust mit karamellisierten Orangen-Chicoree oder Gebratener Forelle aus der Wisper mit Verjus-Sauce die Gäste auch mal anderes als Standard Gutsschänken Gerichte zu probieren.

Bewertung

GESAMT:

Wein:

Speisen:

Ambiente:

Weinwirtschaft Laquai Gutsschänke

Schwalbacher Straße 20
65391 Lorch
Tel. 06726/839213
kontakt@weinwirtschaft-laquai.de
www.weingut-laquai.de

Öffnungszeiten:
Mi – Fr ab 17 Uhr, Sa, So, Fei ab 15 Uhr

Anfahrt:
B 42 Richtung Rüdesheim - Koblenz /
in Lorch rechts Richtung Wispertal

Parken:
eigener Parkplatz, zusätzliche Parkplätze am Rhein

Reservierungen:
Reservierungen sind möglich

Anzahl der Sitzplätze:
drinnen: 51, draußen: 36

Besonderheiten:
jährliches Hof- und Weinfest, historische Brennerei, Wildgerichte, Wispertalforelle, Vinothek

Mein Tipp:
Gebratene Wispertalforelle mit Butter-
kartoffeln und Salat – dazu Riesling
vom Löss Lorcher Kapellenberg Kabinett trocken

Genuss-Oase im Wispertal

Das historische Gebäude von 1716 mit rotem Fachwerk an der Straße von Lorch ins Wispertal fällt ins Auge: Bis 1935 kontrollierte von hier aus der Reblauskommissar die Verbreitung des Schädlings – heute ist hier die Weinwirtschaft Laquai untergebracht. In dritter Generation leiten die umtriebigen Brüder Gilbert und Gundolf Laquai das Weingut seit 1990. Seitdem hat sich die Anbaufläche von 3,5 Hektar auf 22 Hektar erweitert. In den Lorcher Lagen haben sich die Laquais ein Denkmal gesetzt: 2008 haben sie im Sesselberg den Hang entbuscht, die ersten Rheingauer Querterrassen auf über drei Hektar angelegt und 13.000 Rieslingpflanzen eingesetzt. Neben Riesling wird Weißer Burgunder, Silvaner und Spätburgunder angebaut. Die Handlese und schonende Verarbeitung bringt hochwertige, terroir-geprägte Weine mit würzig-mineralischen Noten hervor. Auch der Rotwein aus der Lage Bodental-Steinberg überzeugt. Eine Besonderheit: Laquais sind das einzige Rheingauer Weingut, das sowohl Wein, Sekt als auch Brände aus der eigenen Brennerei produziert. Die Dampfbrennerei aus dem Jahre 1924 ist im Originalzustand in Betrieb und kann besichtigt werden. Seit 2015 betreut die Familie die Weinwirtschaft wieder in eigener Regie. Sowohl drinnen als auch draußen sitzt man sehr gemütlich. Frisch zubereitete Gerichte wie Tiroler „Kaspressknödel", Wispertalforellen und Wildteller werden angeboten. Bei den Wild- und Fischgerichten setzen Laquais auf regionale Produzenten.

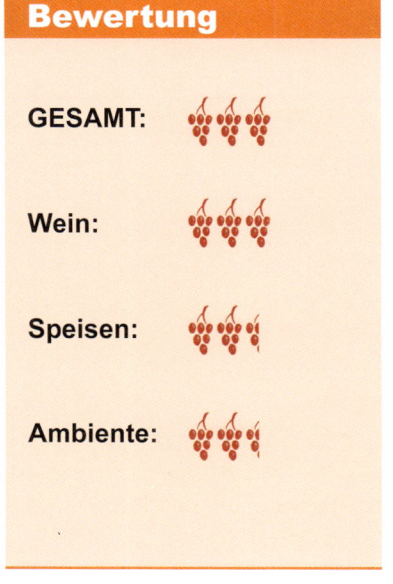

Bewertung

GESAMT:

Wein:

Speisen:

Ambiente:

„Weingeist" Weingut Mohr Straußwirtschaft

Rheinstraße 21
65391 Lorch
Tel. 06726/9484
info@weingut-mohr.de, www.weingut-mohr.de

Öffnungszeiten: Ende April – Ende Juni, Mitte September – Mitte Oktober:
Fr + Sa ab 17 Uhr, So + Fei ab 15 Uhr (außer Pfingstmontag)

Anfahrt:
B 42, Einfahrt Lorch gegenüber Fähr-
anlegestelle, Beschilderung folgen

Parken: Parkplätze sind vorhanden

Reservierungen:
Reservierungen sind möglich

Anzahl der Sitzplätze:
drinnen 45, draußen 40

Besonderheiten:
regionale und türkische Küche, Kochkurse mit Saynur Sonkaya-Neher
„KOMM türkisch KOCHEN".

Mein Tipp:
Der Fröhliche Fischteller (marinierter
Lachs, Forellenmousse, Rauchmatjes)
– dazu Riesling Sekt Brut

Orient im Freistaat Flaschenhals

Das ist sicherlich einmalig im Rheingau: eine Straußwirtschaft mit regionalen und türkischen Gerichten! Die türkische Kochkunst gehört zu den großen Weltküchen – und passt erstaunlich gut zu den Rheingauer Weinen. Der orientalische Vorspeisenteller oder die Spezialität Börek (eine Art Strudel aus Yufka-Teig mit einer Füllung aus Hackfleisch, Schafskäse und Gemüse) schmecken sehr lecker. Saynur Sonkaya-Neher versteht sich aber auch auf regionaltypische Spezialitäten: Spundekäs und Wildbratwürste mit Rosmarinkartoffeln überzeugen die Kundschaft. Die Straußwirtschaft ist geschmackvoll (modern schnörkellos), aber gemütlich eingerichtet. Das Weingut Mohr wurde 1875 von Jochen Nehers Urgroßvater gegründet. Ein Kuriosum: Das Gebiet um Lorch ging in die Geschichte als „Freistaat Flaschenhals" ein – wegen halbkreisförmigen Grenzziehungen war die Region von 1919 bis 1923 ein Kleinstaat. Seit 1992 leitet Jochen Neher in der vierten Generation das Weingut. Auf sechs Hektar baut er im ökologischen Anbau (seit 2011) hauptsächlich Riesling, aber auch Spätburgunder und Weißburgunder in Lorcher und Assmannshäuser Steillagen an. Die sehr individuell und lagenbezogen ausgebauten Weine beeindrucken durch eine klare, rebsortentreue Aromenstruktur und sehr eigenständigen Charakter. Hochgelobt werden immer wieder die Riesling- und Pinotsekte des Weingutes. Jochen Neher pflegt die Tradition: Der 2012er Lorcher Schlossberg Riesling 34 stammt aus einem Weinberg, der 1934 gepflanzt wurde – dies sind die ältesten Rieslingstöcke im Rheingau. Der komplexe Wein besticht durch eine nachhaltige Frucht.

Bewertung

GESAMT: 🍇🍇🍇

Wein: 🍇🍇🍇

Speisen: 🍇🍇🍇

Ambiente: 🍇🍇🍇

Ottes Gutsschänke Gutsschänke

Binger Weg 1a
65391 Lorch
Tel. 06726/830083
info@weingut-ottes.de
www.weingut-ottes.de

Öffnungszeiten:
März – Mai, Juli – Oktober: Fr ab 17 Uhr, Sa, So, Fei ab 15 Uhr

Anfahrt:
B 42, in Lorch durch Unterführung rechts zur Rheinstraße, von dort in den Binger Weg abbiegen

Parken:
Parkplatz direkt am Haus und an der Rheinuferstraße

Reservierungen:
Reservierungen sind möglich

Anzahl der Sitzplätze:
innen 72, außen: 50

Besonderheiten:
toller Rheinblick, Weinpavillon

Mein Tipp:
Crêpe gefüllt mit Räucherlachs – dazu ein Lorcher Kapellenberg Riesling Kabinett halbtrocken

Quereinsteiger im Traditionsweingut

2014 erfüllte sich der 43-jährige gebürtige Nürnberger Robert Wurm einen Lebenstraum: Er kaufte das renommierte Weingut Ottes in Lorch. Während seiner beruflichen Tätigkeit in Frankfurt verliebte er sich in den Rheingau, auch seine Hochzeit feierte er hier. In den letzten Jahren reifte der Plan, Weingutsbesitzer zu werden: Der Lorcher Betrieb stand aus Alters- und Gesundheitsgründen zum Verkauf. Seit 1841 betrieb die Familie Ottes Weinbau im Rheingau – in der heutigen Form wurde der Betrieb 1959 gegründet. Das Konzept der Gutsschänke und des Weinguts soll auch unter dem neuen Besitzer weitgehend so bleiben wie es ist: Die bisherige Mannschaft bleibt an Bord, ein Kellermeister wurde zusätzlich eingestellt. Auf sieben Hektar bearbeitet das Weingut überwiegend in Lorcher (und ein wenig in Oestricher) Weinbergen Riesling-, Weißburgunder- und Spätburgunderanlagen. Bei den Rieslingen werden mustergültig die typischen Aromen des Lorcher Terroirs mit mineralischen und würzigen Noten herausgearbeitet. Die sehr ansprechenden Spätburgunder werden im Gutsausschank stilvoll in großen Gläsern serviert. Besonders das Erste Gewächs aus dem Bodental-Steinberg hat dies auch verdient. In der sehr gepflegten Gutsschänke hat man sowohl drinnen im Pavillon als auch auf der Terrasse einen spektakulären Blick auf das in die UNESCO Welterbeliste aufgenommene Rheintal. Die geschmackvoll zubereiteten Gerichte der Gutsschänke werden manchmal um eine spanische Spezialität erweitert: Die Frau des neuen Besitzers ist Spanierin.

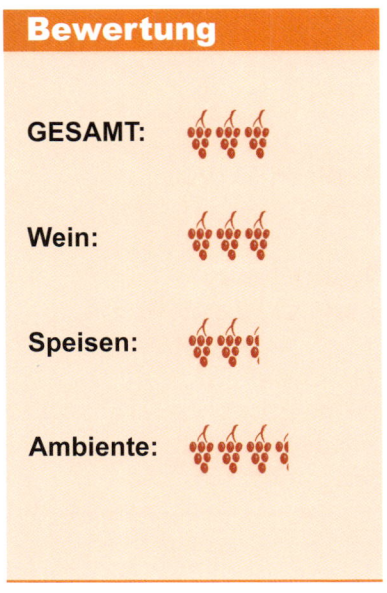

Bewertung

GESAMT:

Wein:

Speisen:

Ambiente:

Rößlers Winzerwirtschaft Gutsschänke

Rheinstraße 20
65391 Lorch
Tel. 06726/1658
michael-roessler@web.de, www.weingut-roessler.de

Öffnungszeiten:
März – Oktober täglich ab 14 Uhr; Mittwoch Ruhetag

Anfahrt:
B 42, in Lorch an der Rheinuferstraße parken, durch Unterführung zur Rheinstraße laufen

Parken:
Parkplatz an Rheinuferstraße

Reservierungen:
Reservierungen sind möglich – hier wird auch gern zusammengerückt

Anzahl der Sitzplätze:
innen 40, außen: 60

Besonderheiten:
„Super Spundekäs 2013" (Auszeichnung) Gästezimmer, Ziegenwanderung, Naturwanderung

Mein Tipp:
Der hausgemachte, preisgekrönte Spundekäs – dazu ein Lorcher Schlossberg (alte Reben) Kabinett halbtrocken

Urige Atmosphäre bei „Miss SuperSpundekäs"

2013 gewann die Niederländerin Jacqueline Rößler den erstmalig ausge-
tragenen Wettbewerb „Rheingauer SuperSpundekäs" – in den Niederlan-
den kennt man sich offensichtlich in Sachen Käse aus. Seit 1990 ist sie in
Deutschland und hat den Winzer Michael Rößler geheiratet: Weinbau betreiben die Rößlers im Nebenerwerb seit mehreren Generationen. Mit viel
natürlichem Charme führt die aus Nord-Brabant stammende Jacqueline
die urige Weinwirtschaft. Die Weinbar der Familie begann in dem über 500
Jahre alten Gewölbekeller – der gehörte einst zu einem alten Kloster. Jac-
quelines Lebensfreude überträgt sich auf die Gäste: Man sitzt gemütlich
auf antiken Stühlen und an blanken Holztischen, spontan greift sich öfter
ein Musikant das Akkordeon oder die Gitarre, oder setzt sich ans Klavier
– und das ganze Lokal singt mit. Hier herrscht authentische rheinische
Fröhlichkeit – niederländisch geprägt. Die Speisekarte ist überschaubar:
Zu typischen Weinschänkengerichten wie Winzerbratwurst mit Bratkartoffeln kommen wechselnde Tagesgerichte wie Fisch oder Spießbraten und
Spezialitäten wie „MiZi" – Wurst von der Mittelrheinziege.
Michael Rößler bewirtschaftet 3,5 Hektar Weinberge in Lorcher Steillagen.
Die ausschließlich handgelesenen Trauben werden in Edelstahltanks, gro-
ßem Holzfass und manche Rotweine auch im Barrique ausgebaut. Neben
Riesling hat er Spätburgunder, Regent und Schwarzriesling im Programm.
Die Rößlers unterhalten ihre Gäste: Sie bieten Ziegenwanderungen mit Ries-
ling und Picknick auf der anderen Rheinseite an. Im neu renovierten Gäste-
haus können die Gäste in sieben Zimmern mit Rheinblick übernachten.

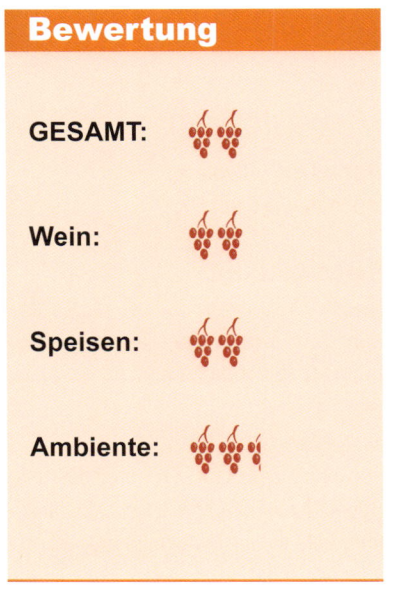

Bewertung

GESAMT: 🍇🍇🍇

Wein: 🍇🍇🍇

Speisen: 🍇🍇🍇

Ambiente: 🍇🍇🍇🍇

Weingut Freimuth Straußwirtschaft

Am Rosengärtchen 25
65366 Geisenheim-Marienthal
Tel. 06722/981070
info@freimuth-wein.de, www.freimuth-wein.de

Öffnungszeiten:
Ende April – Anfang Juni, Mitte November – Mitte Dezember; Do – Sa ab 17 Uhr, So, Fei ab 15 Uhr

Anfahrt:
B 42, Ausfahrt Geisenheim, Vorfahrt folgen, rechts Industriestraße, links Richtung Marienthal, am Ortseingang Marienthal links

Parken:
parken direkt am Weingut

Reservierungen:
Reservierungen sind möglich – an Wochentagen nur im Gastraum

Anzahl der Sitzplätze:
innen 60, außen: 60

Besonderheiten:
wechselnde Speisekarte, Themenweinproben am Tisch, schöne Aussicht

Mein Tipp:
Winzer Baguette mit gekochtem Schinken, Tomaten, Zwiebeln, Gurken und Käse überbacken – dazu ein Roter Riesling

Große Weinprobe mit Aussicht

Wenn bei Freimuths Holzbretter in Form eines Weinlaubblattes mit 6 Probiergläsern Wein serviert werden, recken die Gäste an den Nachbartischen die Hälse und grüßen augenzwinkernd gerne mit einem lustigen Spruch. Dabei dienen die Themenweinproben nicht dem übermäßigen Weingenuss, sondern konzentrieren sich auf die eigentliche Aufgabe der Straußwirtschaft: das Weinangebot des Winzers vorzustellen. Die Proben werden in vier Variationen angeboten: von Riesling über verschiedene Rebsorten bis zum Spätburgunder. Das VDP Weingut überzeugt aber nicht nur durch Quantität, sondern auch durch Qualität: Alexander Freimuth arbeitet sauber die rebsortentypischen Aromen der Weine heraus. Dies nicht nur bei den Rieslingen – er überzeugt auch bei den Burgundersorten. Der sichere, wohldosierte Einsatz der Barriquefässer zeigt sich bei der Lignum Serie. Ganz großes Geschmackskino: der Spätburgunder Erste Lage aus dem Rüdesheimer Magdalenenkreuz. Doppelte Kompetenz: Karin Freimuth hat ebenfalls Önologie studiert. Sie probiert kenntnisreich die Fassproben mit ihrem Mann und leitet die Traubenlese im Weinberg. Ebenso zeichnet sie für die gelungenen und abwechslungsreichen Gerichte der Straußwirtschaft verantwortlich. Neben Standards kommen wechselnde Kreationen wie zum Beispiel Hühnchen in Senf-Estragon auf die Karte. Die Straußwirtschaft besteht aus einem einzigen Raum in der Form eines Hauses – der freie Blick von der Terrasse auf das Rheintal ist wunderschön.

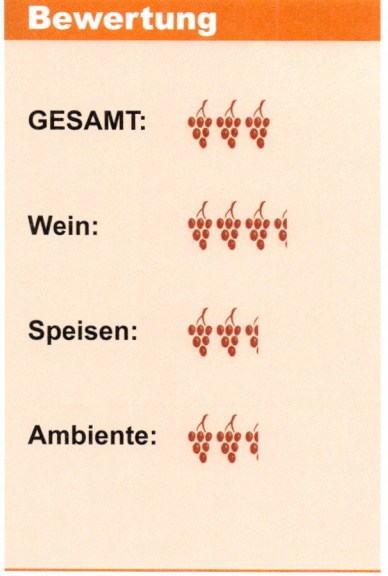

Bewertung

GESAMT:

Wein:

Speisen:

Ambiente:

Gutsausschank Diefenhardt Gutsschänke

Hauptstraße 9–11
65344 Eltville-Martinsthal
Tel. 06123/972313
a.schaefer@diefenhardt.de, www.diefenhardt.de

Öffnungszeiten:
Februar – September: Di – Sa ab 17 Uhr, Oktober – Dezember: Di – Sa ab 17 Uhr, So ab 16 Uhr

Anfahrt:
A 66/B 42 Abfahrt Eltville/Martinsthal, bis zum Ortskern fahren, dann Zufahrt zum Parkplatz über die Lehrstraße

Parken: öffentlicher Parkplatz

Reservierungen:
Reservierungen sind möglich

Anzahl der Sitzplätze:
innen: 60, außen: 80

Besonderheiten:
traditionelles Hoffest im Juli mit Ulrike Neradt, 300 Jahre alter Holzfasskeller, Weinwanderungen

Mein Tipp:
Traditionelles Schnudedunker-Töpfchen: pikantes Hackfleisch auf Bratkartoffelr, mit Tomaten und Käse überbacken – dazu Martinsthaler Langenberg J.D. Riesling Spätlese trocken

Die Seyffardts: Eine große Wein-Familie

Die Familie Seyffardt blickt auf eine mehrhundertjährige Geschichte zurück – das Weingut in Martinsthal erwarb Jakob Diefenhardt 1917. Heute sind die vier Geschwister Ulrike, Peter, Ariane und Stefan alle intensiv dem Wein verbunden: Ulrike Neradt, ehemalige Deutsche Weinkönigin und Chansonnette, tritt im ersten Stock des Weinguts im „Kabarett im Kabinettchen" auf, Peter Seyffardt führt das Weingut und ist Präsident des Rheingauer Weinbauverbandes, Ariane Schäfer betreibt mit ihrem Mann den Gutsausschank und Stefan Seyffardt ist Außenbetriebsleiter bei Kloster Eberbach. Das Weingut Diefenhardt bearbeitet 18 Hektar Weinberge in Martinsthaler und Rauenthaler Lagen: 85 % Riesling und 15 % Spätburgunder. Peter Seyffardt hat in den letzten Jahren an der Qualitätsschraube gedreht: Das terroirgeprägte Große Gewächs aus dem Martinsthaler Langenberg und der Pinot Noir Martinsthaler Wildsau aus dem Barrique belohnen eindrucksvoll die Anstrengungen. 1975 beschlossen die Geschwister die 20 Jahre geschlossene Straußwirtschaft wieder zum Leben zu erwecken. Unter großem Einsatz der gesamten Familie entwickelte sich der Gutsausschank zu einer bekannten Weinwirtschaft, auch über die Grenzen des Rheingaues hinaus. Der Schankraum erinnert stilecht an frühere Jahrzehnte. Küchenchef Ludek Vapenik bereitet zuverlässig die Klassiker zu – Ariane mit Ehemann Franz und den Kindern Dominik und Martin sorgen für das herzlich-familiäre Flair.

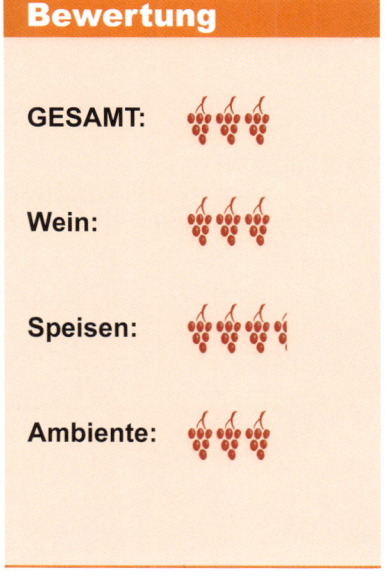

Bewertung

GESAMT: 🍇🍇🍇

Wein: 🍇🍇🍇

Speisen: 🍇🍇🍇🍇

Ambiente: 🍇🍇🍇

Weingut Hirt-Gebhardt Gutsschänke

Lehrstraße 11
65344 Eltville-Martinsthal
Tel. 06123/74103
weingut@hirt-gebhardt.de, www.hirt-gebhardt.de
www.facebook.com/weingut.hirtgebhardt

Öffnungszeiten:
Do – Sa ab 17 Uhr, So + Fei ab 15 Uhr; geschlossen: Anfang Februar, Mitte Mai – Mitte September, Mitte Dezember – Mitte Januar

Anfahrt:
B42 Abfahrt Eltville/Martinsthal, bis zum Ortskern fahren, dann Zufahrt zum Parkplatz über die Lehrstraße

Parken:
öffentlicher Parkplatz direkt hinter der Gutsschänke

Reservierungen:
Reservierungen sind möglich und empfehlenswert

Anzahl der Sitzplätze:
drinnen: 70

Besonderheiten:
Kochkurse mit Sterneköchen, Küchenpartys, wöchentlich wechselnde Schlemmerkarte, Weinbergswanderungen

Mein Tipp:
Zanderfilet auf Martinsthaler Wilds sauraumkraut mit roten Kartoffeln – dazu Mia-Lou Roter Riesling feinherb

Sternstunde der Weinstubenküche

Elke Gebhardt ist eine leidenschaftliche Köchin: Seit Jahren veranstaltet sie „Stern-stunden"-Kochkurse mit Sterneköchen in ihrer Gutsschänkenküche. In den ersten Jahren war es der französische Sternekoch Christian Begyn, heute unterrichtet Gerd Eis. Beliebt sind auch ihre Küchenpartys: Hier lernen die Gäste die feine Weingastronomie kennen. 2014 gewann sie den Preis für den besten Rheingauer Spundekäs. Gemeinsam mit ihrer Tochter Anna steht sie am Herd: Jede Woche setzen die beiden wechselnde Gerichte auf die Karte. Die Qualität der Speisen liegt deutlich über dem üblichen Weinstubenniveau – inklusive der Crème brûlée. Die ganze Familie Gebhardt engagiert sich im Betrieb: Tochter Anna (Ausbildung in Berlin als Köchin) und ihr Mann Ömrüm Nasuhbeyoglu in der Gutsschänke, die bei-den Oenologen Christian Gebhardt Senior und Junior machen den Wein, Schwie-gertochter Claire kümmert sich um das Marketing. 23 Hektar Weinberge bearbeiten die Gebhardts: Riesling und Spätburgunder aus Martinsthaler, Wallufer, Rauen-thaler und Eltviller Lagen. 2/3 der Weine werden über die Flasche vermarktet, 1/3 wird als sogenannter Fasswein verkauft. Die junge Generation entwickelt die Dy-namik des aufstrebenden Betriebs: Die Öffnungszeiten der Gutsschänke wurden ausgeweitet, ebenso soll mehr Wein über die Flasche vermarktet werden. In der Weinstube sitzt man richtig gemütlich: Dunkles Holz, Bruchsteine und ein offener Kamin sorgen für Stimmung. Ein Foto an der Wand zeigt Marika Gebhardt – die Deutsche Weinkönigin von 1969.

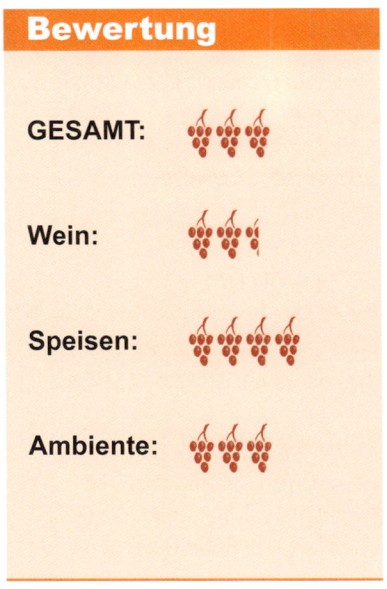

Bewertung

GESAMT:

Wein:

Speisen:

Ambiente:

„Im Messwingert" Weingut Keßler Gutsschänke

Heimatstraße 18
65344 Eltville-Martinsthal
Tel. 06123/71235/ Fax: 06123/75361
www.weingut-kessler.de

Öffnungszeiten:
Weinstube: März – Juni, Ende August – Anfang Oktober, Mi – Sa 17 Uhr
Weingarten: bei gutem Wetter Juli – August, Mi – So 16 Uhr

Anfahrt:
A 66 Ausfahrt Eltville Nord/Martins-thal, rechts in Hauptstraße, dann links abbiegen, 1. rechts in Heimatstraße einbiegen

Parken:
Parkplätze am Weingut

Reservierungen:
Reservierungen sind möglich

Anzahl der Sitzplätze:
innen 60, außen: 100
Weingarten: 100

Mein Tipp:
Weinkäse mit getrockneten Tomaten und Kräutern mariniert – dazu ein Ahn-herr Carolus Riesling feinherb

Weingarten im Weinberg

Das Erkennungszeichen des Weingutes ist der Großvater mit gepflegtem Zwirbelbart: Der freundliche Herr auf dem Etikett ist Jacob Keßler, der Großvater des heutigen Besitzers Klaus Peter Keßler. Der ehemalige Präsident des Rheingauer Weinbauverbandes (bis 2013) wiederum hat schon 80 % des Betriebes an seinen Sohn Stefan übergeben – der verkörpert die neunte Generation, begonnen hatte den Weinbau Carolus Keßler. Tradition ist seit über 250 Jahren wichtig: „Wir hüten das Erbe!" – so ist es auf dem Fassboden eingraviert. 15 Hektar Weinberge bewirtschaftet die Familie heute, die mit selektiver Maschinenlese geerntet werden. Auf Martinsthaler (Wildsau), Rauenthaler (Steinmächer) und Eltviller (Sonnenberg) Lagen gedeihen überwiegend (85 %) Rieslinge – aber auch Rotweine wie Spätburgunder, Schwarzriesling und Cabernet Dorsa. Je nach Rebsorte erfolgt der Ausbau im Edelstahltank, im großen Holzfass oder in kleinen Barriquefässern. Klaus-Peter Keßler und seine Frau Inge stehen in der Küche und bereiten die Gerichte für die Weinwirtschaft zu. Die Auswahl reicht von Käseangeboten über Wisperforelle, Bratwurst mit Apfelmus und Bratkartoffeln bis zum Rumpsteak. In der von dunklen Hölzern geprägten Stube sitzt man gemütlich. Die Ortsrandlage direkt an den Weinbergen haben Keßlers für ihre Gäste optimal genutzt: Unmittelbar angrenzend an die Weinstube sitzt man auf der Terrasse schon quasi im Wingert. Gleich nebenan schließt sich der Weingarten an. Am Weinstand können sich die Gäste selbst bedienen – dazu gibt es eine leichte kalte Küche. Im Sommer wird der Weingarten mitten im Weinberg sehr gut angenommen.

Bewertung

GESAMT: 🍇🍇🍇🍇

Wein: 🍇🍇🍇

Speisen: 🍇🍇

Ambiente: 🍇🍇🍇🍇

Gutsausschank **Kaspar Herke** Gutsschänke

Langenhofstraße 4
65375 Oestrich-Winkel
Tel. 06723/9988941
mail@gutsausschank.eu, www.gutsausschank.eu

Öffnungszeiten:
Mo, Do, Fr ab 17 Uhr, Sa ab 15 Uhr, So und Fei ab 12 Uhr

Anfahrt:
B 42, Ausfahrt Oestrich, am Kreisel 2. Ausfahrt, in Rheingaustraße abbiegen, in Ortsmitte Oestrich rechts auf Friedensplatz abbiegen, Mühlstraße folgen, links in Dr.-Rody-Straße abbiegen, 1. Abzweig links

Parken: an der Gutsschänke

Reservierungen:
Reservierungen sind möglich

Anzahl der Sitzplätze:
innen: 50, außen: 120

Besonderheiten:
Rheingauer Schlemmerwoche, Livemusik, frische Regionalküche, großer Spielplatz, Sommergarten

Mein Tipp:
„Woihinkelche" – dazu einen Riesling Classic feinherb

Frischer Wind mit Kochprofis

Seit 2013 betreuen Denis & Claudia Rook den Gutsausschank der Familie Herke: Jetzt ist das „gemütliche Weinlokal" ganzjährig geöffnet. „Lief von Anfang an richtig gut!", freut sich der Kochprofi, der sein Handwerk in Wiesbaden in der „Ente von Lehel" bei Könnern wie Hans-Peter Wodarz und Patrik Kimbel gelernt hat. Die Speisekarte kann es durchaus mit der eines Restaurants aufnehmen: Eine ganze Seite füllen die wechselnden, saisonalen Tagesgerichte – zum Beispiel rund ums Federvieh, von Backhendl über Putenkeule bis Barbarie Entenbrust mit Schupfnudeln. Natürlich sind auch typische Straußwirtschaftsgerichte wie Spundekäs, Winzersteak (sehr gut) und der leckere Flammkuchen vertreten. Attraktiv auch die große Auswahl an fleischlosen Gerichten, ebenso wie das verlockende Dessertangebot: Das liegt durchweg über dem durchschnittlichen Gutsschänkenniveau und hat Restaurantqualität, ohne dabei den bodenständigen Charakter zu verlieren. Innen sitzt man gemütlich (im Winter mit Bollerofen), im Sommergarten sehr lauschig. Die Familie Herke betreibt ein typisches Rheingauer Familienweingut: 40 Jahre lang baute Franz Herke die Rieslinge und Spätburgunder aus. Seit 2013 ist sein Sohn Lukas der Weinmacher. Die 8,5 Hektar Rebfläche setzen sich aus den bekannten Lagen Oestricher Lenchen und Gottesthal, Winkeler Hasensprung und Dachsberg, Hallgarter Jungfer und Assmannshäuser Höllenberg zusammen. Die Weißweine (darunter auch Silvaner und Weißburgunder) werden im temperaturgeführten Edelstahltank, die Rotweine im großen Holzfass und im Barrique ausgebaut. Eine gelungene Frucht-Säure-Balance zeichnet die Weine aus.

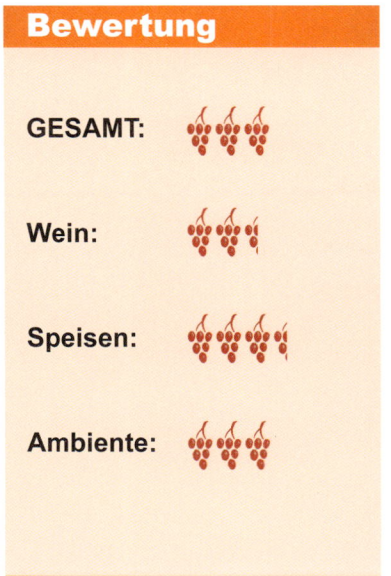

Bewertung

GESAMT:

Wein:

Speisen:

Ambiente:

Gutsausschank Weingut Hemes Gutsschänke

Straße der Republik 40
65375 Oestrich-Winkel
Tel. 06723/2587
info@gutsausschank-hemes.de,
www.gutsausschank-hemes.de

Öffnungszeiten:
Mi – Sa ab 16 Uhr (Wintermonate: ab 17 Uhr), So, Fei ab 11 Uhr

Anfahrt:
B 42, Ausfahrt Oestrich-Mitte, rechts in Rheinallee abbiegen, links Am Rosengarten, links in Rheingaustraße/B 42 A, 1. rechts Grenzweg (sehr eng), rechts Friedhofstraße, links Straße der Republik

Parken: Parkplatz gegenüber der Gutsschänke

Reservierungen:
Reservierungen sind möglich

Anzahl der Sitzplätze:
inner: 80, außen: 100

Besonderheiten:
eigene Wurstherstellung, wöchentlich wechselnde Speisekarte, Spezialitätenwochen z. B. Schlachtfest, Weihnachtsmarkt, Bayrische Woche

Mein Tipp:
Schweinekammsteak Holzfäller Art mit Bratkartoffeln – dazu Riesling Oestricher Lenchen trocken

Schlachtfest im Gutsausschank

Die Straußwirtschaft der Familie Ruppershofen begann 1981 im Wohnzimmer: Die Sessel wurden rausgeräumt, stattdessen Tische und Bänke aufgestellt. Nur der Wohnzimmerschrank konnte nicht bewegt werden: Er war zu schwer und musste stehen bleiben. Deshalb wurde die Weinschänke auch bekannt als die „Straußwirtschaft mit dem Wohnzimmerschrank". Die Straußwirtschaft lief so gut, dass Tochter Katharina mit ihrem Mann Klaus Hemes den Ausschank als Vollbetrieb weiterführen. Der Fleischermeister und Koch gab dafür seine Anstellung auf und kümmert sich um die Küche. Die gute Fleischqualität schätzen die Gäste. Enkel Heiko Hemes betreut heute die Weinberge seines Opas und baut auf mittlerweile drei Hektar Rebstöcke an. Der Selfmade-Weinmacher ist ein Quereinsteiger: Kunstschmied hat er gelernt, aber schon mit 15 Jahren stand er im Weinkeller und füllte die Fässer. Beraten wurde er von erfahrenen Rheingauer Kellermeistern. Die Rieslinge und Spätburgunder aus Oestricher Lagen präsentieren sich heute durchgängig trinkfreudig. Die Weißweine vergären im Edelstahltank. Bei den Rotweinen achtet Heiko Hemes darauf, dass sie nur zarte Holztöne aufweisen: Der Wein liegt immer nur kurz im Barriquefass. Viele der Stammkunden der Familie Hemes kommen aus der näheren Umgebung: Man sitzt gemütlich innen, im überdachten Hof oder im Garten mit großzügigem Spielplatz. Die Gäste kaufen im Gutsausschank zum Mitnehmen nicht nur Wein, sondern auch hausgemachte Spezialitäten: Leberwurst, Bratwurst, Presskopf und Blutwurst in Dosen.

Bewertung

GESAMT:	🍇🍇🍇
Wein:	🍇🍇
Speisen:	🍇🍇🍇
Ambiente:	🍇🍇🍇

Gutsausschank Dr. Corvers-Kauter **Gutsschänke**

Rheingaustraße 129
65375 Oestrich-Winkel
Tel. 06723/2614
info@corvers-kauter.de, www.corvers-kauter.de

Öffnungszeiten:
Mitte April – Ende Oktober: Mi – Fr ab 17 Uhr, Sa, So, Fei ab 15 Uhr

Anfahrt:
B 42 Abfahrt Mittelheim, Rheinweg parallel zur B 42 Richtung Winkel, Parkplatz An der Basilika auf der rechten Seite

Parken:
Parkplatz An der Basilika (200 Meter von der Gutsschänke entfernt)

Reservierungen:
Reservierungen sind möglich

Anzahl der Sitzplätze:
innen: 60, außen: 70

Besonderheiten:
Hoffest, Arche-Wochen, Slowfood, Veranstaltungsraum Terra 50, Kochkurse, Weinwanderungen, Jazz im Weingut

Mein Tipp:
Medaillons vom Eichenhof-Schwein mit Champignons, Kartoffelgratin und Salat – dazu Rüdesheimer Berg Roseneck Riesling Kabinett feinherb

Ein starkes Duo zum Genießen

Matthias und Brigitte Corvers ergänzen sich prächtig: Beide brachten in ihre Ehe jeweils ein Weingut mit 250-jähriger Familientradition ein, beide verfügen über eine hohe Weinkompetenz (mit unterschiedlichen Akzenten), beide teilen sich die Arbeit sinnvoll auf: Matthias baut den Wein aus, Brigitte Corvers ist für den kulinarischen Bereich verantwortlich – die Weine probieren beide gemeinsam. 11,5 Hektar beste Lagen in Oestrich, Mittelheim, Winkel, Rüdesheim und Assmannshausen sind das Fundament für die hochwertigen Weine. Die Rieslinge heißen Vom Schiefer oder Vom Löss und schmecken auch so: Terroirgeprägte, sehr individuelle Weine mit klaren, feinsten Aromen und einer umwerfenden Fülle. Die komplette Riesling-Kollektion ist geprägt vom Weinguts-Charakter. Auch die Rotweine faszinieren: Sowohl die Spätburgunder vom Drachenstein als auch vom Höllenberg überzeugen durch eine gelungene Balance zwischen Tanninen und Fruchtaromen. Die Küchenleistung steht den Weinen in nichts nach: Brigitte Corvers hat über die Jahre eine sehr originelle Landküche mit mediterranen Akzenten entwickelt. Die Kombination von regionalen Produkten mit neuen Kräuter- und Gewürzkombinationen ist ein immerwährender Prozess mit überraschenden Höhepunkten. Im Mittelpunkt stehen die Klarheit des Produkts und der gute Geschmack. Die leckeren Kreationen ländlicher Kochkunst genießt man im lauschigen „Palmengarten", dem Hof, oder im über 200 Jahre alten Gutshaus.

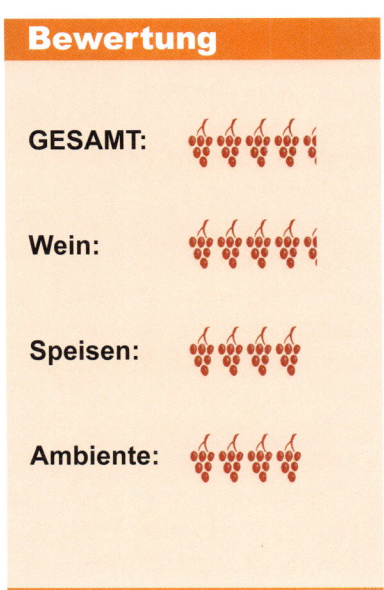

Bewertung

GESAMT:

Wein:

Speisen:

Ambiente:

Die Zehntenhofschänke **Gutsschänke**

Hauptstraße 86
65375 Oestrich-Winkel
Tel. 06723/888652
info@thomas-fraund.de, www.thomas-fraund.de

Öffnungszeiten:
Mo – Fr ab 17 Uhr, Sa, So ab 12 Uhr durchgehend, Di + Mi Ruhetag

Anfahrt:
B 42, Abfahrt Winkel, links parallel zur B 42 halten, 1. rechts, 1. rechts in Hauptstraße abbiegen

Parken:
am Grauen Haus / Rheinallee

Reservierungen:
Reservierungen sind möglich

Anzahl der Sitzplätze:
drinnen: 50, draußen: 60

Besonderheiten:
Präsentation von VDP Weingütern, Rheingauer Jazzwoche, Glühweinstand Weihnachtsmarkt Wiesbaden

Mein Tipp:
Lammschulter vom Eifeler Ur-Lamm, Sous Vide gegart, mit Schnippelbohnen und Rosmarinkartoffeln – dazu Mittelheimer Edelmann Riesling Spätlese feinherb

Edelkoch mit Landhausküche

Thomas Fraund ist unter den Küchenchefs in der Rheingauer Gutsschänkenszene sicher der ambitionierteste. Aufgewachsen in Kiedrich und ausgebildet im Wiesbadener Hotel „Nassauer Hof" sammelte er Erfahrungen in internationalen Sternerestaurants und Spitzenhotels. 2012 kehrte er in den Rheingau zurück und pachtete den Zehntenhof des Weingutes Ohlig. In den ersten beiden Jahren präsentierte er zunächst eine deutlich gehobene Küche – und das im Umfeld von eingeführten Weinwirtschaften. 2014 dann der Konzeptwechsel: Thomas Fraund ist im Rheingau angekommen und präsentiert nun eine Landhausküche der „kreativen Einfachheit". Die neuen Schänkenklassiker heißen Vitello Goethe (Kalbsbraten mit Grüner Sauce), Himmel und Erde (Blutwurst, Apfel, Kartoffelstampf) und Crème Caramell. Hinzu kommen Tagesangebote – das neue Konzept geht auf. Das imposante Zehntenhofgebäude in der Winkeler Hauptstraße von 1591 diente in früheren Jahrhunderten als Lagerhaus für die Steuern der Bevölkerung, die an den Erzbischof von Mainz abgeführt wurden. Die alten Gewölbekeller auf drei Ebenen nutzt seit über 100 Jahren die Winzerfamilie Ohlig. Johannes Ohlig bewirtschaftet zehn Hektar Weinberge – zu 80 % Riesling. Beliebt ist auch der im Rheingau eher seltene Rivaner, den Ohligs als frischen Sommerwein vermarkten. Ein Highlight auf dem Wiesbadener Weihnachtsmakrt ist Ohligs Glühwein. Für diese Spezialität bauen sie eigens die Rotweinsorten Dakapo und Cabernet Mitos an.

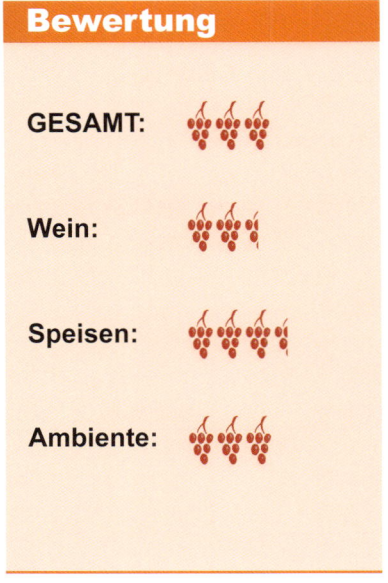

Bewertung

GESAMT:

Wein:

Speisen:

Ambiente:

Weingut Allendorf Straußwirtschaft

Kirchstraße 69
65375 Oestrich-Winkel
Tel. 06723/91850
c.schoenleber@allendorf.de, www.allendorf.de

Öffnungszeiten:
Mai, Mitte September – Mitte Oktober, Fr ab 16 Jhr, Sa, So, Fei ab 12 Uhr

Anfahrt:
B 42 Ausfahrt Winkel, Richtung Weinberge – Schloss Vollrads, links in Kirchstraße einbiegen

Parken: eigener Parkplatz

Reservierungen:
Reservierungen sind möglich

Anzahl der Sitzplätze:
drinnen: 80, draußen: 200

Besonderheiten:
Erlebnis.Welt mit Farbweltführungen, Themenwochen und Themenweinproben, geschlossene Veranstaltungen mit Wanderungen und kulinarischen Weinproben

Mein Tipp:
Rheingauer Tapas mit Spundekäs', Zisterzienserbrot, Vinchili, Lachsröllchen, Wisperforelle und Spargelsalat – dazu Allendorf Quercus Pinot Noir Premium

Die bunte Welt des Weines

Die Familie Allendorf wird zwar schon 1292 erwähnt und Weinbau in der Familie ist schon seit 1773 belegt – aber noch in den 50er Jahren war Rheingaulegende Fritz Allendorf Nebenerwerbswinzer mit nur 1,5 Hektar. Heute ist der von den Geschwistern Ulrich Allendorf und Christine Schönleber geführte Betrieb mit über 60 Hektar das größte Familienweingut im Rheingau. Von jeher beeindruckten Allendorfs durch ein großes Angebot ansprechender Weine aus Spitzenlagen von Oestrich bis Assmannshausen. In den letzten Jahren setzt Betriebsleiter Josef Schönleber, jetzt auch unterstützt von Sohn Max, konsequent auf die Erhöhung der Weinqualität. Die Rieslinge aus dem Winkeler Hasensprung und Rüdesheimer Berg Roseneck überzeugen vom QbA bis zum „Großen Gewächs". Auch beim Rotweinausbau hat die Familie mit dem Spätburgunder aus dem Assmannshäuser Höllenberg und dem hochgelobten Quercus Maßstäbe gesetzt. Sehr beliebt ist auch das Sektangebot: Riesling & Chardonnay trocken, Spätburgunder rosé brut, Raffinesse brut und der Rotsekt Spätburgunder brut – die reine perlende Freude.

Die Straußwirtschaft zeigt den Rheingau von seiner typischsten Seite: Ein gemütlicher Innenraum, draußen ein großer, teilweiser überdachter Hof, in dem man in großer lebhafter Runde die Weine und deftige Speisen genießen kann. Christine Schönleber zaubert neben den Klassikern immer wieder neue Kreationen auf den Tisch – auch Tochter Anne arbeitet nun im Weingut mit. Ein Highlight ist in der Wein.Erlebnis.Welt eine Farbweltführung mit dem unterhaltsamen Ulrich Allendorf.

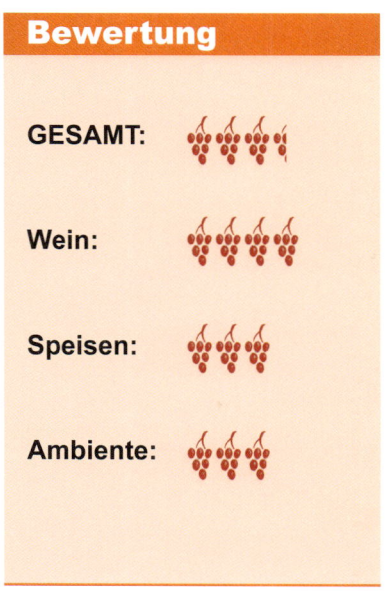

Bewertung

GESAMT:

Wein:

Speisen:

Ambiente:

Gutsausschank Hamm Gutsschänke

Hauptstraße 60
65375 Oestrich-Winkel
Tel. 06722/991375
info@hamm-wine.de, www.hamm-wine.de

Öffnungszeiten:
Ostern – Oktober, täglich ab 18 Uhr, Sa, So, Fei ab 12 Uhr
Mo, Di Ruhetag

Anfahrt:
B 42, Ausfahrt Winkel, links parallel zur B 42 halten, 1. rechts, 1. rechts in Hauptstraße abbiegen

Parken:
Parkplatz gegenüber und in unmittelbarer Nähe

Reservierungen:
Reservierungen sind möglich

Anzahl der Sitzplätze:
innen 70, außen: 70

Besonderheiten:
Kelterhaus für Veranstaltungen und Familienfeiern, Jazz im Weingut, VDP

Mein Tipp:
5 Riesengarnelen pikant, mit Spaghettini und gebratenen Karotten, Paprika und Zucchini – dazu Winkeler Hasensprung Riesling Spätlese Große Lage feinherb

Ein Gutsausschank der ökologischen Art

Schon während des Weinbaustudiums bezog Karl-Heinz Hamm deutlich Stellung: Umweltschutz und moralische Verantwortung waren ihm wichtig. 1977 war er einer der ersten Biowinzer: In der Lage Winkeler Dachsberg setzte er ökologischen Weinbau um. Nachdem sich die Weinqualität steigerte, stellte er alle seine Weinberge um. Seit 1990 ist der Betrieb dem Kontrollverfahren für den ökologischen Landbau unterstellt. Der sensible Umgang mit der Natur entspricht seinem Bedürfnis und keinesfalls einer vordergründigen Marketingstrategie. Qualität wächst im Weinberg: Das sind bei Karl-Heinz Hamm sieben Hektar im Winkeler Hasensprung, Dachsberg und Jesuitengarten. Alter Rebbestand, pflanzliche Düngemittel, niedrige Erträge, selektive Handlese: Hamms spielen gekonnt auf der Klaviatur qualitätssteigernder Maßnahmen. Der Lohn der Mühen sind mineralische Weine mit schöner Frucht. Die Gutsküche leitet Christine Hamm, unterstützt von zwei Köchinnen. „So viel Öko wie möglich", gilt auch hier: Das Öko-Walnussbrot wird täglich nach Hausrezeptur selbst gebacken. Regional einkaufen, heißt die Devise: Die frische Ware kommt aus der näheren Umgebung und wird nach Möglichkeit bei zertifizierten Ökobetrieben eingekauft. Die Speisekarte ist kreativ und abwechslungsreich – in der Winterpause werden immer wieder neue Gerichte ausprobiert. Im Innern des historischen Gebäudes sitzt man in authentischen Räumen nach heimeliger Gutsherrenart – der sehr schöne Innenhof erinnert an italienische Weinlauben.

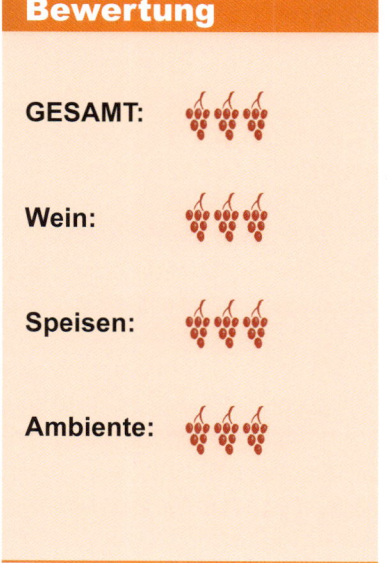

Bewertung

GESAMT:

Wein:

Speisen:

Ambiente:

Weingut Schönleber-Blümlein Gutsschänke

Kirchstraße 39
65375 Oestrich-Winkel
Tel. 06723/3110
weingut@schoenleber-bluemlein.de
www.schoenleber-bluemlein.de

Öffnungszeiten:
Mitte März – Ende Mai, Mitte September – Ende November:
Fr ab 17 Uhr, Sa, So, Fei ab 16 Uhr

Anfahrt:
B 42, Ausfahrt Winkel-West, Richtung Johannisberg, nach 500 Metern rechts Greiffenclaustraße bis zur Kreuzung Kirchstraße – da liegt das Weingut

Parken:
direkt am Weingut und auf der Straße

Reservierungen:
Reservierungen sind möglich und empfehlenswert

Anzahl der Sitzplätze:
drinnen: 110, draußen: 70

Besonderheiten:
Weinbergswanderungen, „Marktplatz" mit Verkostung des Weinsortiments

Mein Tipp:
Fischteller mit Apfel-Lauchsalat, Forelle, Räucherlachs und Krabbenfleisch – dazu Mittelheimer Edelmann Riesling Spätlese feinherb

Familienweingut mit Leidenschaft

Der Betrieb zeigt beispielhaft, was eine engagierte Familie im Weinbau alles erreichen kann. Seit 1746 bzw. 1792 ist Weinbau in den Familien Schönleber und Blümlein bezeugt – die 12. Generation heißt Frank und Claudia Schönleber und bearbeitet zehn Hektar Rebfläche. Dem Einsatz von Karl und Gerda Schönleber ist der Durchbruch mit schmuckem Haus und moderner Kellertechnik zu verdanken – dieser Qualitätsweg wird weiter verfolgt. Frank Schönlebers Studienfreund „Tom" Hillabrand betreut den Außenbetrieb in Winkeler und Mittelheimer Weinbergen – fast die Hälfte davon befindet sich in Erstes-Gewächs-Lagen. Fast 50 % der Anlagen sind älter als 30 Jahre: beste Voraussetzungen für extraktreiche Weine. Frische, in den höheren Qualitäten terroirbetonte Rieslinge mit feiner Frucht sind typisch für Schönlebers. Die Kollektion aus einem Guss überzeugt durchgängig vom Gutsriesling bis zum Ersten Gewächs. Zum Sortiment gehören auch Chardonnay, Grau- und Weißburgunder. Ein besonderes Augenmerk legt Frank Schönleber auf die Spätburgunder: „Maximus" aus dem Barrique ist ein hochgelobter Genuss.

Der Eingang zur Gutsschänke ist im Stil eines alten Marktplatzes gehalten: Die Besucher können wählen zwischen der gemütlichen Riesling-Stube mit viel Holz und Kachelofen, dem hellen, eleganten Turm auf zwei Ebenen und dem schönen Gartenbereich. Auf der Speisekarte gibt es herzhafte Fleisch- und leckere Fischgerichte – immer frisch zubereitet.

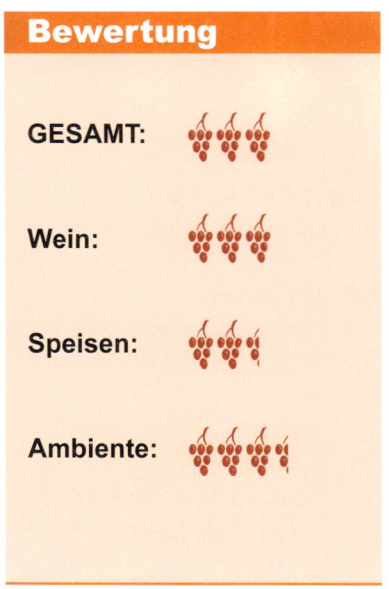

Bewertung

GESAMT:	🍇🍇🍇
Wein:	🍇🍇🍇
Speisen:	🍇🍇🍇
Ambiente:	🍇🍇🍇🍇

Gutsausschank F.B. Schönleber Gutsschänke

Hauptstraße 1 b
65375 Oestrich-Winkel
Tel. 06723/91760
hotel@fb-schoenleber.de, www.fb-schoenleber.de

Öffnungszeiten:
Mi – Sa ab 16 Uhr, So ab 15 Uhr

Anfahrt:
B 42 Abfahrt Mittelheim, Rheinweg Richtung Ortsteil Winkel, in Hermannstraße einbiegen, Parkplatz Gutsschänke auf der rechten Seite

Parken: eigener Parkplatz am Haus

Reservierungen:
Reservierungen sind möglich

Anzahl der Sitzplätze:
innen: 100, außen: 45

Besonderheiten:
Anfang Mai Vorführung Sektherstellung, Ende Juli Jazz im Garten, eigene Sektherstellung im Weingut, VDP-Weingut, separate Räume für Feiern, Weinhotel

Mein Tipp:
Räucherlachs mit 3 hausgemachten Kartoffelpuffern und Sahnemeerrettich – dazu Creation Rheingau Sekt brut (Riesling & Spätburgunder)

Sektparadies in Zirbenstube

Prunkstück des prächtigen Gutsausschanks ist sicher die Zirbenstube: Ein österreichischer Schreiner hat kreativ aus 200 Jahre altem Zirbenholz eine gemütliche Weinstube mit eindrucksvoller Holzdecke geschaffen. Der große Kachelofen trägt zur alpenländisch anmutenden Atmosphäre bei. Seit über 200 Jahren gibt es auch Weinbau in der Familie. Besonders durch ihre Sekte haben sich die Schönlebers viel Anerkennung erworben. Seniorchef Franz Schönleber begann mit ein paar Tausend Flaschen Winzersekt – heute wird von den Söhnen ein Viertel der zehn Hektar großen Rebfläche als Schaumwein in klassischer Flaschengärung selbst versektet. Bernd (Kellermeister) und Ralf Schönleber (Außenbetrieb) lassen die Grundweine für die Sekte von Hand lesen – spät gelesene, reife Trauben mit moderater Säure finden die Schönlebers für ihre brillanten Jahrgangssekte ideal. Auch die Weine sind durchgängig hochwertig: Zu 94 % wird in Oestricher, Mittelheimer und Winkeler Lagen Riesling angebaut. Vom Literwein über Alte Reben bis zum Großen Gewächs: Die Weine überzeugen durch Kraft, Fülle und fein herausgearbeitete Aromen. In dem echten Familienbetrieb (Hotel: Bettina Schönleber, Verkauf: Susanne Schönleber) ist Seniorchefin Katharina Schönleber für die Küche verantwortlich. Die umfangreiche Karte entspricht gehobenem Gutsschänkenstandard – ein größeres Angebot an vegetarischen und veganen Gerichten ist geplant. Für Aufsehen im Lokal sorgt immer der aufwendig servierte „Dragonerspieß".

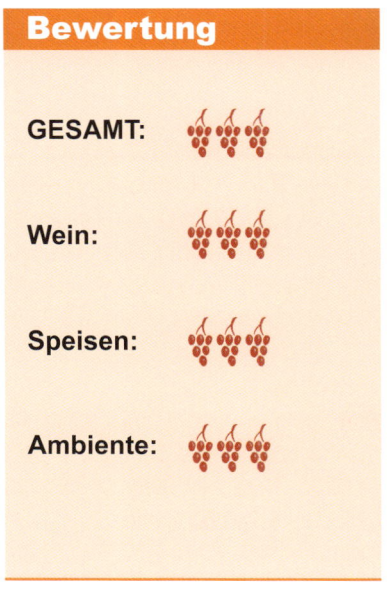

Bewertung

GESAMT:

Wein:

Speisen:

Ambiente:

Weingarten **Hofterrasse Schloss Vollrads**

Schloss Vollrads 1
65375 Oestrich-Winkel
Tel. 06723/660
info@schlossvollrads.com, www.schlossvollrads.com

Öffnungszeiten:
Karfreitag bis einschließlich letztes Oktoberwochenende:
Sa, So, Fei 11 Uhr – 19 Uhr

Anfahrt:
B 42, Ausfahrt Winkel, Beschilderung Schloss Vollrads folgen; **Navi**: Vollradser Allee eingeben

Parken:
eigener Parkplatz

Reservierungen:
Reservierungen sind nicht möglich

Anzahl der Sitzplätze:
drinnen: keine, draußen: 70

Besonderheiten:
historisches Ambiente, Weinwanderungen, K nosommer

Mein Tipp:
Flammkuchen – dazu Schloss Vollrads Sommer Riesling trocken

Märchenhaftes Weinschloss

Der Rheingau ist reich an prachtvollen Bauten – Schloss Vollrads ist sicherlich eines der beeindruckendsten Weinanwesen im Rheingau. Der älteste Teil ist der charakteristische Wohnturm, der in einem quadratischen Weiher steht. Er wurde im 14. Jahrhundert von der Familie von Greiffenclau erbaut. Weinbau wurde in der Familie seit dem 13. Jahrhundert betrieben – viele bedeutende Persönlichkeiten, darunter Erzbischöfe und Kurfürsten von Mainz und Trier, hat das Geschlecht hervorgebracht. Mit dem Tode von Erwein Graf Matuschka-Greiffenklau 1997 endete die fast 800-jährige Familientradition auf Schloss Vollrads: Die Nassauische Sparkasse führt heute das Weingut und das historische Ensemble weiter. Auf 80 Hektar Oestricher-Winkeler Lagen (darunter der im Alleinbesitz befindliche Schlossberg) baut das VDP Weingut ausschließlich Riesling an. Gutsverwalter Rowald Hepp sorgt mit seinem Team für eine kontinuierlich hohe Weinqualität. Am Wochenende besuchen viele Gäste das Schloss: Im romantischen Innenhof sitzt man lauschig an einfachen Tischen und Bänken. Der zauberhaften Stimmung des Gebäudeensembles kann man sich kaum entziehen. In lockerer Atmosphäre, die von Wanderern und Spaziergängern geprägt wird, gilt Selbstbedienung: Am Weinstand werden die aktuellen Weine von Schloss Vollrads ausgeschenkt. Einfache Gerichte wie Flammkuchen und Blechkuchen stehen zur Auswahl.

Wem es im Hof zu rustikal ist, der kann sich im Gutsrestaurant Schloss Vollrads verwöhnen lassen, das hier nicht bewertet wird, da es zur Kategorie Weinrestaurants gehört.

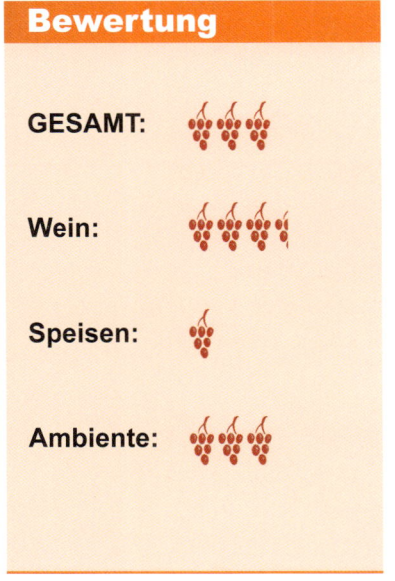

Bewertung

GESAMT:

Wein:

Speisen:

Ambiente:

Langehof **Gutsschänke**

Martinsthaler Straße 4
65345 Rauenthal
Tel. 06123/74218
info@langehof.de , www.langehof.de

Öffnungszeiten:
Di – Fr ab 16 Uhr, Sa ab 15 Uhr, So, Fei ab 12 Uhr

Anfahrt:
B 42, Ausfahrt Martinsthal, B 260 folgen, nach Durchfahrt Martinsthal links nach Rauenthal, im Ort Vorfahrtsstraße folgen, nach erster Kurve liegt Gutsschänke auf linker Seite

Parken:
Parkplätze „Krautäcker" oder „Pumezens", ein paar Parkplätze im Hof

Reservierungen:
Reservierungen sind möglich

Anzahl der Sitzplätze:
drinnen: 60, draußen: 60

Mein Tipp:
Gambas Pil Pil (in Knoblauch-Olivenöl) mit Ciabatta – dazu Rauenthaler Baiken Riesling Kabinett trocken

Zwei Weingüter in großer Koalition

Der Langehof wurde 1566 errichtet und gehört zu den ältesten Gebäuden im Höhenort Rauenthal. Der Name bezieht sich auf die Hofform. 1904 begann der Urgroßvater des jetzigen Besitzers neben der Landwirtschaft auch Weinbau zu betreiben. Zuerst ließ die Familie Klein beim Winzerverein Rauenthal keltern – 1932 leistete man sich eine eigene Kelter. Bis in die 90-er Jahre führten Josef und Marianne Klein das Weingut. Nach dem Tod seiner Eltern erbte Matthias Klein den Langehof und richtete den Gutsausschank ein. Seine Schwester Susanne heiratete Gilbert Laquai vom gleichnamigen Weingut in Lorch. Da die beiden Weingüter ohnehin schon länger zusammenarbeiteten, einigte man sich: Das ehrgeizige Lorcher Weingut bewirtschaftet die Rauenthaler Weinberge des Langehof und baut die Weine auch aus. Auf der Weinkarte der Gutsschänke finden sich deshalb Rauenthaler und Lorcher Weine. Für Laquais ist die Kooperation eine gute Gelegenheit, auch im vorderen Rheingau mit ihren Weinen vertreten zu sein. Die Speisekarte glänzt mit vielen Positionen: Das reguläre Angebot mit Vorspeisen wie gratiniertem Ziegenkäse oder geräucherte Filets von der Wisperforelle, Hauptspeisen wie Schnitzelvariationen und Wildsülze sowie Spezialitäten wie „Wingertsknorze" wird ergänzt durch Tages- und Saisongerichte. Fischliebhaber sind im Langehof ebenfalls gut aufgehoben. Drinnen sitzt man gemütlich – draußen genießt man die Fernsicht nach Mainz.

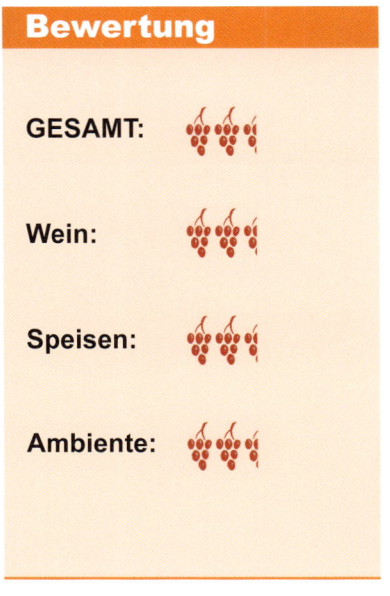

Bewertung

GESAMT:

Wein:

Speisen:

Ambiente:

Gutsausschank Rauenthaler Berg Gutsschänke

Weinbergstraße 37
65345 Rauenthal
Tel. 06123/71456
info@werner-wein.de, www.werner-wein.de

Öffnungszeiten: Donnerstag – Montag ab 16 Uhr; geschlossen: Mitte Dezember – Mitte Februar, 2 Wochen während der Traubenlese

Anfahrt:
B 42, Ausfahrt Martinsthal, B 260 folgen, nach Durchfahrt Martinsthal links nach Rauenthal, im Ort links Richtung Bubenhäuser Höhe bis zum Ende

Parken:
an der Gutsschänke

Reservierungen:
Reservierungen sind möglich

Anzahl der Sitzplätze:
innen: 60, außen: 60

Besonderheiten: schöne Aussicht, Spezialitätenwochen Fisch & Wein im Frühjahr, Wild & Wein im Herbst

Mein Tipp:
Kaltes Roastbeef, hausgemachte Grüne Soße, Bratkartoffeln – dazu Werner Rosé feinherb

Viel mehr als ein Ausflugslokal

„Wir sind mehr als ein Ausflugslokal – wir sind ein Weingut!" 2009 verlagerten Günter und Jutta Werner ihren Betrieb aus dem Rauenthaler Ortskern an die Bubenhäuser Höhe. Seitdem müssen sie häufiger betonen, dass die Aussicht auf das Rheintal von ihrem schmucken Betrieb zwar herausragend ist – aber im Mittelpunkt des Gutsausschanks steht der Wein. Ein Teil der Stühle erinnert an die alte Straußwirtschaft – ansonsten haben sich die Werners mit ihrem modernen, von hellen Hölzern, Naturstein und bodentiefen Fenstern dominierten Gutsausschank einen Traum erfüllt. Winzermeisterin Jutta Werner betreut die Küche. Bei Aktionen mit Profiköchen und Kochkursen bei Sterneköchen hat sie sich weitergebildet und eine ansprechende Gutsschänkenküche entwickelt. Wurstteller, Salatauswahl, Schnitzelvariationen und Rumpsteaks sind auf der Karte vertreten – besonders beliebt sind die Fischwochen im Frühjahr. Seit 1988 führt Günter Werner das Familienweingut: Schon der Großvater baute Wein an, der Vater lieferte an die Genossenschaft ab, heute werden die Weine von sechs Hektar Rauenthaler Weinbergen in eigener Regie produziert und vermarktet. Die Kollektion von Rieslingen und Spätburgundern, allesamt im Edelstahltank ausgebaut, ist sehr stimmig: Geradlinig und ehrlich wirken die Weine. Reintöniger Geschmack, klare Aromen, klare Frucht. „Die Rauenthaler Weine sind oft Spätzünder, überzeugen häufig erst nach einem Jahr", meint Kellermeister Günter Werner. Für manche Lagen stimmt dies: Die Riesling Spätlese aus der Lage Gehrn hat nach drei Jahren eine ansprechende Trinkreife.

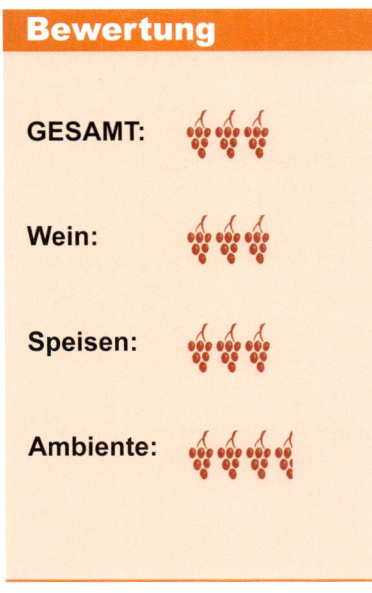

Bewertung

GESAMT:

Wein:

Speisen:

Ambiente:

Weingut Ernst Rußler Gutsschänke am Eselspfad

Vor dem Kaltenborn 3
65345 Rauenthal
Tel. 06123/71434
info@weingut-russler.de
www.weingut-russler.de

Öffnungszeiten: Di, Mi, Do ab 15.30 Uhr, Sa, So, Fei ab 15 Uhr,
Mo + Fr Ruhetag

Anfahrt:
A 66 / B 42 Richtung Rüdesheim / Ausfahrt Martinsthal, B 260 folgen, nach Durchfahrt Martinsthal links nach Rauenthal, im Ort Vorfahrtsstraße folgen bis zum letzten Haus auf der linken Seite / Bei Anfahrt aus Richtung Schlangenbad: 1. Haus auf der rechten Seite

Parken: direkt an der Gutsschänke

Reservierungen: Reservierungen sind innen möglich und empfehlenswert

Anzahl der Sitzplätze:
drinnen: 80, draußen: 80

Besonderheiten:
ausgefallene Rebsorten wie Auxerrois, Roter Riesling, Rosenmuskateller, Roter Traminer und Gelber. Gaststube senioren- und behindertengerecht

Mein Tipp: Kaltes Roastbeef mit hausgemachter Grüner Soße und Bratkartoffeln – dazu einen Rauenthaler Wülfen Riesling Kabinett halbtrocken

Eine moderne Gutsschänke wie aus dem Bilderbuch

„Ein Roastbeef wie gemalt!", sagt Uwe Russler schon mal, wenn er persönlich das von seiner Frau Michaela hausgemachte Roastbeef mit Grüner Soße und Bratkartoffeln serviert. Die Gutsschänke entspricht ganz dem, wie man sich heutzutage eine typische Rheingauer Weinwirtschaft vorstellt: Eine geglückte Mischung aus Tradition und Moderne. Ein großes Holzkreuz an der Wand – aber die moderne Inneneinrichtung mit hellen Fliesen, hellem Holz und orangen Tischläufern trifft den Zeitgeschmack. Die große Terrasse der am Ortsrand gelegenen Schänke mit Fernblick trägt zur Beliebtheit bei: Eine Weinwirtschaft mit dem Charme eines Ausfluglokals. Weinbau wird in der Familie seit 280 Jahren betrieben – seit 1966 wird der ehemalige Mischbetrieb als reines Weingut geführt. Mit der Betriebsübergabe 2012 auf Uwe und Michaela Russler wurden gleichzeitig auch die neuen Betriebsgebäude und die neue Gutsschänke am Ortsrand eröffnet. Rund 14 Hektar Weinberge Rauenthaler Lagen bewirtschaften die Russlers: Die Großlage Steinmächer gehört dazu, aber auch Weinberge in den Filetstücken Baiken, Gehrn, Wülfen und Rothenberg. Kellermeister Uwe Russler legt beim Riesling Ausbau Wert auf regionaltypische Aromen. Er bietet seiner Kundschaft auch Spezialitäten wie Rosenmuskateller an – der allerdings immer rasch ausverkauft ist. In der Küche hält Michaela Russler die Balance zwischen traditioneller Straußwirtschaftsküche wie „gebackene Blutworscht" oder „Spundekäs" und leicht mediterranen Gerichten wie „Schnitzel Gorgonzola". Empfehlenswert sind die Desserts – vor allem der Steirer Eisbecher mit Kürbiskernöl.

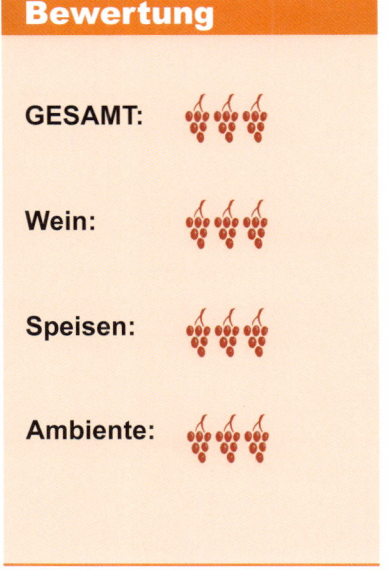

Bewertung

GESAMT:

Wein:

Speisen:

Ambiente:

Domus Torculorum Gutsausschank Gutsschänke

Am Engergraben 14
65385 Rüdesheim
Tel. 06722/9375359
info@domus-torculorum.de, www.domus-torculorum.de

Öffnungszeiten:
täglich ab 16 Uhr, Mittwoch Ruhetag

Anfahrt:
B 42, in Rüdesheim Richtung Niederwalddenkmal, kurz vor Ortsausgangs-
schild links in Am Engergraben abbiegen

Parken:
eigener Parkplatz oberhalb des Gutsausschanks

Reservierungen:
Reservierungen sind möglich

Anzahl der Sitzplätze:
drinnen: 80, draußen: 40

Besonderheiten:
Rheinblick, Teilnahme am Rüdesheimer Weinfest, Weinproben im Bassenheimer Hof

Mein Tipp:
Salat mit Riesengarnelen – dazu Rüdesheimer Drachenstein Riesling Spätlese

Weingenuss mit Aussicht

Rund 400 Jahre lang lebten Römer in Rüdesheim in Landgütern – der Fund eines Rebmessers aus dieser Zeit belegt, das die römischen Truppen vor 2000 Jahren mit Rüdesheimer Wein versorgt wurden. Die exponierte Lage des 2008 errichteten Neubaus des Weingutes Adolf Störzel am oberen Stadtrand hätte den Römern bestimmt gefallen – der Name „Domus Torculorum" sicher auch. Domus bedeutet römisches Haus, Torculorum heißt Torggel – so hieß eine bei den Römern genutzte Traubenpresse, die bis ins Mittelalter hinein gebräuchlich war. Der Gutsausschank liegt am alten Zahnradbahnweg: Von 1884 bis 1939 zog hier eine Dampflok die Gäste hoch zum Niederwalddenkmal. Kellermeister Adolf Störzel hat das Weingut 1999 von seinen Eltern übernommen und bearbeitet zehn Hektar Weinberge in Rüdesheim und Geisenheimer Lagen. Zu 80 % Riesling, 5 % Müller-Thurgau und zu 15 % Spätburgunder baut er an – 2014 kam Grauburgunder hinzu. Weinproben hält der Winzer im historischen Weinkeller des Bassenheimer Hofs (aus dem Jahre 1480) in der Nähe der Drosselgasse. Im hellen, ockerfarbenen Gutsausschank sitzt man sehr angenehm. Auf der Terrasse genießt man einen wunderschönen Blick auf Rüdesheim, über den Rhein weit nach Rheinhessen hinein. Die umfangreiche Speisekarte bietet guten Gutsschänkenstandard bis hin zu warmen Speisen wie Suppen und Steaks. Adolf Störzel engagiert sich auch: Vom Rüdesheimer „Tempel-Tropfen" fließt pro ausgeschenkter Flasche ein Euro in den Fond zum Aufbau des Goethe-Tempels auf dem Niederwald.

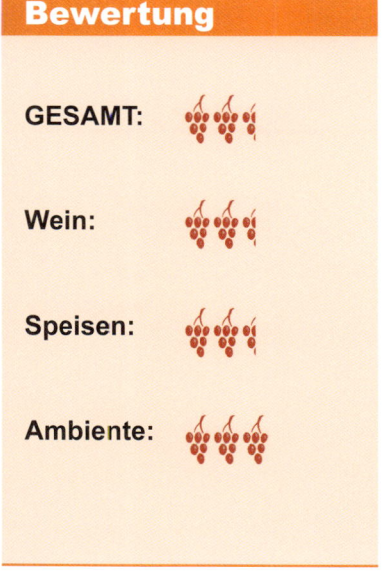

Bewertung

GESAMT:

Wein:

Speisen:

Ambiente:

Winebar im Weingut Carl Ehrhard **Gutsschänke**

Geisenheimer Straße 3
65385 Rüdesheim am Rhein
Tel. 06722/47396
info@cewinebar.com, www.cewinebar.com

Öffnungszeiten:
Mi – Sa ab 17 Uhr, So ab 14 Uhr, Mo, Di Ruhetag

Anfahrt:
B 42 in Rüdesheim folgen, auf der rechten Seite, bevor die Straße sich teilt

Parken:
ist in den umliegenden Straßen möglich

Reservierungen: Reservierungen sind möglich und empfehlenswert

Anzahl der Sitzplätze:
innen: 80, außen: 50

Besonderheiten:
über 130 Weine von Rheingauer und internationalen Weingütern, separater Raum für Feiern, Weingewölbekeller, kulinarische Weinproben

Mein Tipp:
„Winebar Chicken" – ein halbes Ofenhuhn mit tagesfrischen Beilagen – dazu Alte Rebe Rheingau Urstück Nr. 2 Rüdesheim Berg Roseneck Riesling feinherb

The modern style of wine

Das ist wirklich mal eine ganz neue Art, das Thema Weinwirtschaft im Rheingau zu interpretieren: International, englischsprachig, locker, jugendlich geht es zu in der Winebar im Weingut Carl Ehrhard. Petra Ehrhard, Alexander Nerius, Rienne Martinez: Aus Rüdesheim, Kapstadt und New York haben sich drei Freunde zusammengefunden und dieses ungewöhnliche Konzept auf die Beine gestellt. Das Entree ist eine Weinbar mit Barhockern und – Tabubruch! – einer unglaublichen Vielzahl von Rheingauer und internationalen Weinen, dazu Sherry, Whiskey, Port, Craft Biere. Zwischen hohen Weinregalen geht es laut und lustig zu, ein großer Schinken liegt auf der Berkel-Aufschnittmaschine, viele junge Leute sind da: Studenten erhalten 10 % Rabatt. Wein erleben, heißt die Devise: Es gibt einen direkten Zugang zum Weingewölbekeller. Der zweite Raum entspricht eher den gewohnten Vorstellungen von einer Gutsschänke: Hier sitzt man gemütlich an stilvollen Holztischen oder auf dem roten Sofa im Schein von Art Déco-Lampen. Seit 1998 führen Carl und Petra Ehrhard das Weingut mit der über 150-jährigen Tradition. Nur Riesling und Spätburgunder in den Rüdesheimer Top-Lagen bauen sie an. Kellermeister Carl Erhard setzt auf selektive Handlese – die mit „Urstück" bezeichneten Rieslinge sind geschmacklich von den unterschiedlichen Böden der einzelnen Lagen geprägt. Sehr ansprechend mit zarter Holznote sind auch die Spätburgunder, die in gebrauchten Barriquefässern reifen und unfiltriert gefüllt werden. Alexander Nerius liefert das Konzept, Rienne Martinez die Leckereien aus der Küche: kreative kleine Gerichte – sehr passend zum Wein.

Bewertung

GESAMT:	🍇🍇🍇🍇
Wein:	🍇🍇🍇🍇
Speisen:	🍇🍇🍇🍇
Ambiente:	🍇🍇🍇

Weingut Magdalenenhof Gutsschänke

Marienthaler Straße 90
65385 Rüdesheim-Eibingen
Tel. 06722/906900
info@magdalenenhof.de, www.magdalenenhof.de

Öffnungszeiten:
Mi – Sa ab 17 Uhr, So + Fei ab 12 Uhr

Anfahrt:
B 42, am Ortseingang Rüdesheim rechts in Taunusstraße, links in Marienthaler Straße, 1. rechts

Parken:
Parkplatz direkt am Weingut

Reservierungen:
Reservierungen sind möglich

Anzahl der Sitzplätze:
drinnen: 170, draußen: 200

Besonderheiten:
Hochzeitsfeiern, Gästezimmer, selbst gebauter Winzerhof mit Ausblick

Mein Tipp:
Schweinerückensteak mit Bratkartoffeln – dazu Riesling Alte Rebe Spätlese feinherb

Selbst gebauter Winzerhof mit Ausblick

Der gelbleuchtende Aussiedlerhof in Sichtweite der Kloster Abtei St. Hildegard hoch oben in den Weinbergen ist ein imposantes Gebäude. Die Familie Blaes verfolgt konsequent ihre „Bauernhofphilosophie". Die rustikale Vinothek im Eingang und der vordere Raum mit Schilfrohr, Körben und allerlei Weinbaugerätschaften an der Decke versetzen den Gast in eine beschauliche, ländliche Welt. Betritt man das hintere Gebäude taucht man vollständig ein in die Bauernhof-Dachgebälk-Ziegelsteinromantik. Es ist schon erstaunlich, was Winzermeister Johannes Blaes hier in viel Eigenarbeit kreiert hat: Manche Dachbalken stammen von dem Abriss einer Scheune in Hattenheim, die „Feldbrandsteine" hat er bei verschiedenen Abbrüchen erstanden. Die gebrauchten Materialien geben dem Raum eine authentische Atmosphäre. Seit 400 Jahren gibt es Weinbau in der Familie Blaes. Fünf Hektar Weinberge werden heute in den bekannten Rüdesheimer Lagen Magdalenenkreuz, Kirchenpfad und Rottland bewirtschaftet. Kellermeister Helmut Andres sorgt für reintönige, gut balancierte Rieslinge, Spätburgunder mit dezentem Holzton und einen ansprechenden St. Laurent. Auch Grauburgunder und Müller-Thurgau sind im Programm – im Rheingau eher ungewöhnlich.

Die Gerichte der umfangreichen Speisekarte mit Schnitzel, Rindersteaks, Flammkuchen und Käse sind professionell zubereitet, der Service ist schnell und freundlich. Schon von innen genießt man den großartigen Blick – draußen im Garten kommen Urlaubsgefühle wie in der Toskana auf.

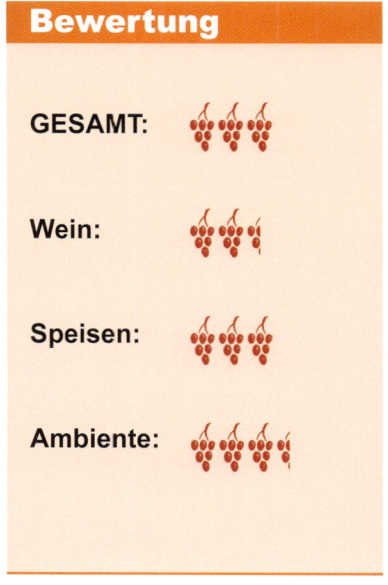

Bewertung

GESAMT:

Wein:

Speisen:

Ambiente:

Bug's Gutsschänke Gutsschänke

Mühlstraße 3
65396 Walluf
Tel. 06123/72308
clausbug@t-online.de, www.bugsgutschaenke.de

Öffnungszeiten:
täglich ab 17 Uhr, Sa ab 16 Uhr, So + Mo Ruhetage

Anfahrt:
A 66/B 42 Abfahrt Walluf, von der Hauptstraße Beschilderung Richtung Rathaus folgen

Parken:
in umliegenden Straßen möglich

Reservierungen:
Reservierungen sind möglich

Anzahl der Sitzplätze:
innen: 80, außen: 80

Besonderheiten:
Weihnachtsmarkt, Lisas Lädchen mit selbstgemachten Marmeladen, Likören und Sirups

Mein Tipp:
Schnitzelchen mit hausgemachter Panade – dazu Wallufer Oberberg Riesling Kabinett feinherb

Eine Weinstube wie eine Berghütte

Als wenn man in den Bergen wäre: Schon von außen sieht das alte Fachwerkhaus der Bugs aus wie eine rustikale Almhütte. Der Eindruck setzt sich innen nahtlos fort: Holzverkleidete Decken und Wände wo das Auge hinschaut. Das lang gestreckte Gebäude wurde 1965 als Gutsschänke eröffnet und besteht aus drei Räumen – einer kuscheliger als der andere. Der letzte Raum mit den Sitzbänken aus Holzstämmen und dem offenen Kamin bietet Hüttenzauber pur: Unter einer Holzschräge gibt es einen Minitisch für zwei Jungverliebte. An den blanken Tischen diskutieren die Gäste aber nicht über Skipisten: Über die Weine wird hier lebhaft parliert. Weinbauer Claus Bug begrüßt die Gäste persönlich – Sohn André Bug ist der Weinmacher: Er hat das Winzerhandwerk in renommierten Rheingauer Betrieben gelernt. Fünf Hektar werden in Wallufer und Martinsthaler Lagen bearbeitet: 85 % Riesling, 12 % Spätburgunder und der im Rheingau ungewohnte Sauvignon Blanc zu 3 % werden angebaut. Die Rieslinge überzeugen mit frischer Aromatik und angenehmer Frucht – beim Spätburgunder setzt der junge Weinmacher verstärkt auf Barriquefässer. Seine Mutter Lisa steht in der Küche und bereitet weinstubenübliche Gerichte zu. „Bergspezialitäten" wie Südtiroler Bauernspeck, Bündnerfleisch und Schweizer Bergkäse stehen auf der Karte, aber auch selbst gemachter Kartoffelsalat. Auf einer großen Tafel stehen zusätzlich Saisonangebote. In ihrem kleinen Lädchen bietet die kreative Lisa Bug viele Geschenkideen an: Hausgemachte Liköre, Sirups und Marmeladen sind auch dabei.

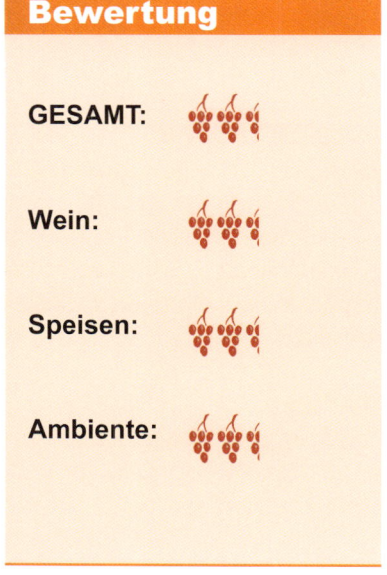

Bewertung

GESAMT:

Wein:

Speisen:

Ambiente:

„Der Weingarten" Weingut J. B. Becker
Gutsschänke

Rheinstraße 5
65396 Walluf
Tel. 06123/74890
info@jbbecker.de

Öffnungszeiten:
April – Oktober täglich ab 17 Uhr, Sa, So, Fei ab 15 Uhr

Anfahrt:
A 66/B 42 Ausfahrt Frauenstein, Richtung Walluf, in Hauptstraße Niederwalluf links in Kirchstraße, rechts in Rheinstraße

Parken:
eigener Parkplatz

Reservierungen:
Reservierungen sind nicht möglich

Anzahl der Sitzplätze:
drinnen: 80, draußen: 200

Besonderheiten:
Essen kann mitgebracht werden, Rheinblick

Mein Tipp:
Wurst & Bretzel – dazu Wallufer Walkenberg Spätburgunder Spätlese

Charakterkopf mit großen Weinen

Hermann-Josef genannt „HaJo" Becker ist als Winzer und Mensch sicher ein ganz eigenwilliger Charakter: Der bei Journalisten als „Querdenker" geschätzte Gesprächspartner pflegt seine Weine so individuell wie seinen großen Schnauzer. 1971 hat der Wallufer das Weingut von seinem Vater übernommen: Er ist der Kellermeister, seine Schwester Maria kümmert sich um den Vertrieb. In der Weinszene hat er besonders bei Sommeliers und Händlern laut „Weinguru" Stuart Pigott regelrechte Fans. 2013 kürte ihn der Brite in der FAZ zum „Winzer des Jahres". Hajo Becker gilt als „klassischer" Rheingauwinzer, der seinen Weinen aus rund zwölf Hektar Weinbergen aus Wallufer, Martinsthaler und Eltviller Lagen im Keller sehr viel Zeit zur Reife lässt: Die Rieslinge bleiben ein Jahr im großen Holzfass, Rotweine lagern gar drei Jahre bis zur Abfüllung. Seine Weine gelten als sehr langlebig: Es empfiehlt sich, die Weine nicht zu jung zu trinken. Der volle Genuss entfaltet sich bei älteren Jahrgängen.

Originell wie die Weine ist der 1985 eingerichtete Weingarten am Wallufer Rheinufer. Die Idee dazu ist ursprünglich durch die Segelfreundschaft mit Luitpold Prinz von Bayern entstanden: Durch ihn erfuhr Becker wie das System Biergarten funktioniert. Analog dazu stehen im Weingarten die Weine im Mittelpunkt, die sich die Gäste per Selbstbedienung am Stand holen. Lediglich Bretzel und Wurst gibt es zum Essen: Die Besucher bringen sich ihr Picknick selbst mit. Familien und Freundeskreise treffen sich in großer Runde mit eigenem Essen. Für Notfälle kann man das Essen auch beim Pizzadienst bestellen.

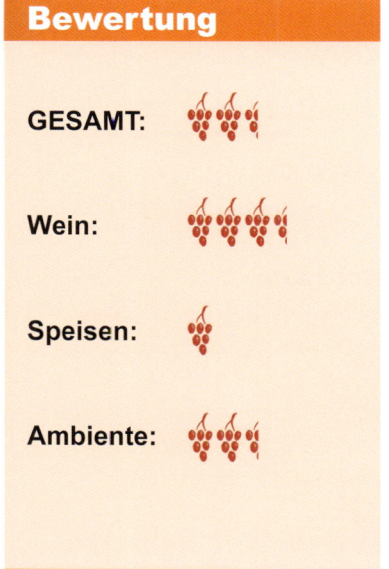

Bewertung

GESAMT:

Wein:

Speisen:

Ambiente:

Zum Kapellchen Gastronomie, Weingut
Udo Ott Gutsschänke

Quellbornstraße 95
65201 Wiesbaden-Frauenstein
Tel. 0611/41189912
m.zenglein@zum-kapellchen.de
www.zum-kapellchen.de

Öffnungszeiten:
Di – Fr ab 16 Uhr, Sa + So ab 11.30 Uhr, Mo Ruhetag

Anfahrt:
A 66 Ausfahrt Frauenstein, direkt an der Hauptstraße rechts Ausschilderung folgen

Parken:
Parkplätze am Weingut

Reservierungen:
Reservierungen sind für innen möglich

Anzahl der Sitzplätze:
innen: 70, außen: 70

Mein Tipp:
Frankfurter Schnitzel mit Bratkartoffeln und sensationeller selbstgemachter Grüner Soße – dazu „Emma", Frauensteiner Herrnberg Riesling Spätlese

Hofgut im Weinberg

Der Grorother Hof am Ortsrand von Frauenstein ist mit langen, hohen Mauern eingefasst: Man sieht ihm seine lange Geschichte an. In dem Hof befindet sich das Weingut Ott – das Restaurant ist etwas versteckt seitlich in der ehemaligen Kapelle untergebracht. Die Ursprünge der Kapelle gehen auf das 13. Jahrhundert zurück – es gab nur noch eine Ruine. 2001 ließ Winzer Udo Ott auf den noch vorhandenen Grundmauern einen stilvollen Bau errichten. Zusammen mit dem hellen Vorbau und dem an Obstbäumen angrenzenden großen Garten ist eine sehr attraktive Weingastronomie entstanden. Seit März 2013 haben der ungarische Restaurantmeister Robert Hoffmann und der Frauensteiner Hotelfachmann Marc Zenglein den Gutsausschank gepachtet. Nach elf Jahren wollte sich Udo Ott auf seine Familie und das Weingut konzentrieren. Der Winzermeister bearbeitet sechs Hektar Weinberge – fast ausschließlich im Frauensteiner Herrnberg. Die ansprechenden Rieslinge, Weiß-, Grau und Spätburgunder offenbaren das Potenzial der Lage.

Das Küchenteam hat eine attraktive Speisekarte zusammengestellt: Von traditionellen Rheingauer Gerichten, Flammkuchen, einem umfangreichen Salatangebot über Schnitzel, Steaks, Backhendl bis hin zur Crème brulée ist alles vorhanden. Im Service ist auch eine Frauensteinerin verantwortlich: Ellen Zenglein, die Mutter des Pächters. Passend für draußen im Garten sind übrigens die hausgemachten Orangen- und Ingwer-Limonaden, die im großen Glas serviert werden.

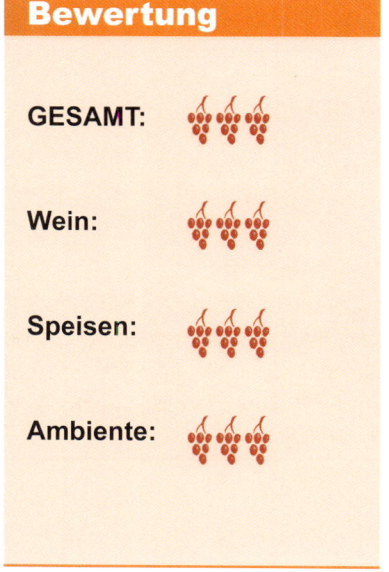

Bewertung

GESAMT:

Wein:

Speisen:

Ambiente:

„Schneider's Weinschlößchen" Gutsschänke

Quellbornstraße 13
65201 Wiesbaden-Frauenstein
Tel. 0611/7328659
Fax: 0611/8902043
www.schneiders-weinschloesschen.de

Öffnungszeiten:
täglich ab 14.30 Uhr, So + Fei ab 11.30 Uhr, Di + Mi Ruhetage; im Sommer drei Wochen während der Obsternte geschlossen

Anfahrt:
A 66 Ausfahrt Frauenstein, Richtung Frauenstein, direkt an der Hauptstraße

Parken:
Parkplätze auf der Straße, Buspark-platz am Ortseingang

Reservierungen:
Reservierungen sind möglich

Anzahl der Sitzplätze:
innen: 60, außen: 40

Besonderheiten:
eigene Landwirtschaft, Kartoffeln, Ge-müse und Obst aus eigenem Anbau, Hotel

Mein Tipp:
Selbst gemachte Wildschweinsülze mit Bratkartoffeln aus eigenem Anbau – dazu einen Spätburgunder trocken

Landbesuch beim Weinbauern

Frauenstein ist zwar ein Stadtteil der eleganten Kurstadt Wiesbaden, hat aber wenig mit der City gemein: In dem Kirschen- und Weinort ist man auf dem Land und genau das wissen die Besucher zu schätzen. Die Schneiders sind Landwirte: Sie bauen auf 48 Hektar Kartoffeln, Bohnen, Tomaten, Zucchini, Salatgurken und Erdbeeren an. Während der Saison kann man die frische Ware in der Gutsschänke kaufen oder dort auch gleich verspeisen. Auf 4,5 Hektar baut die Familie Wein an: Riesling, Rivaner, Spät-, Grau- und Weißburgunder – überwiegend im Frauensteiner Herrnberg. Sohn Markus Schneider ist Winzermeister und baut die Weine aus. Die Ausschankweine werden zu einem günstigen Preis-Leistungs-Verhältnis angeboten. Gleich nebenan betreibt Sohn Florian Schneider ein Landhotel mit 30 Betten. In der gut besuchten Gaststube gehts herzlich und gemütlich zu: Klaus und Ulla Schneider kennen viele Stammkunden persönlich, setzen sich zu ihren Gästen schon mal dazu. Zu den üblichen rustikalen Gutsschänkenspeisen kommen sonntags Extra-Gerichte – dann kocht Ulla Schneider persönlich. Donnerstag ist Haxentag. Fastnacht und Silvester verwandelt sich die Weinstube in einen „Musikantenfreundlichen Gutsausschank". Im Sommer und in der Weihnachtszeit veranstalten die Wirtsleute Busfahrten mit ihren Gästen. „Wir sind hier im Dreiländereck Frauenstein, Schierstein, Walluf – da muss man was bieten!", meint Klaus Schneider und serviert die Winzerplatte kundenfreundlich mit einem Schnaps.

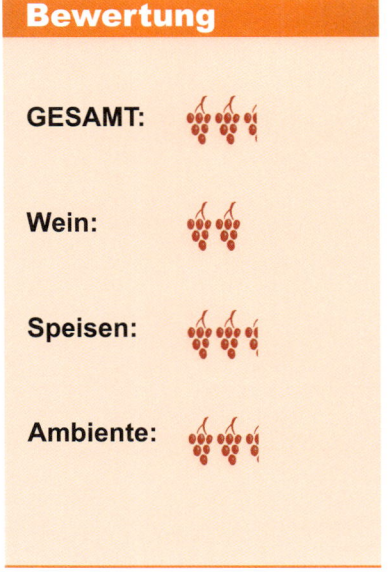

Bewertung

GESAMT:

Wein:

Speisen:

Ambiente:

„Im Kirschfeld", Weingut Höhn Gutsschänke

Freudenbergstraße 200
65201 Wiesbaden-Schierstein
Tel. 0611/7168789
info@im-kirschfeld.de, www.im-kirschfeld.de

Öffnungszeiten:
Mi bis So ab 16 Uhr

Anfahrt:
A 66, Ausfahrt Frauenstein, durch Frauenstein durch, in Höhe Schloss Freudenberg in Freudenbergstraße einbiegen

Parken:
eigener Parkplatz

Reservierungen:
Reservierungen sind möglich

Anzahl der Sitzplätze:
innen: 90, außen: 110

Besonderheiten:
Terrasse mit Aussicht

Mein Tipp:
Rotbarschfilet „Winzerart" mit Rosmarinkartoffeln und Salat – dazu Rheingau Cuvée R & S (Riesling & Sauvignon Blanc)

Das Land am Rande der Stadt

Der Flurnamen des Aussiedlerhofes heißt „Im Kirschfeld" – gleich ne-
bendran liegt „Im Himmelreich": Die klangvollen Bezeichnungen verhei-
ßen eine idyllisch-ländliche Lage und das trifft vollständig zu. 2004 wurde der Betrieb aus dem Dotzheimer Ortskern ausgesiedelt – jetzt pilgern
die Städter „ins Grüne". Landwirtschaft und Weinbau wird in der Familie
schon seit 300 Jahren betrieben – die Konzentration auf Wein gibts erst
seit den 1970er-Jahren. Senior Wilhelm Höhn war der erste, der 1979 wieder Dotzheimer Wein anbot. Die Weinwirtschaft wird sehr gut angenommen – die sehr große Terrasse mit dem sensationellen Blick auf Mainz und
Wiesbaden tut ihr Übriges. „Sie müssen den Flammkuchen mit Handkäse
nehmen – der ist hier der Renner!", ruft jemand vom Nachbartisch. Aber
zuerst gilt es, die lange Liste von Tagesgerichten auf der Tafel zu lesen.
Julia Höhn-Sternhardt leitet die Küche: Die Karte ist insgesamt sehr umfangreich, abwechslungsreich und mediterran angehaucht – dank der itali-
enisch-brasilianischen Köchin. Winzermeister Jürgen Höhn kommt von der
Agrartechnik und sieht sich als Quereinsteiger. Die Landwirtschaft mit 50
Hektar Ackerbau wird nebenher betrieben – Wein baut er auf 13,5 Hektar
an. Schiersteiner, Frauensteiner und Dotzheimer Lagen sind bestockt – die
Lage „Dotzheimer Judenkirsch" hat in den letzten Jahren an Ansehen ge-
wonnen. Der leidenschaftliche Weinmacher Jürgen Höhn dreht weiter an
der Qualitätsschraube und bietet ein breites Weiß- und Rotwein-Programm
an: Neben Spätburgunder und Dornfelder produziert er Merlot und Cabernet Sauvignon im Barrique.

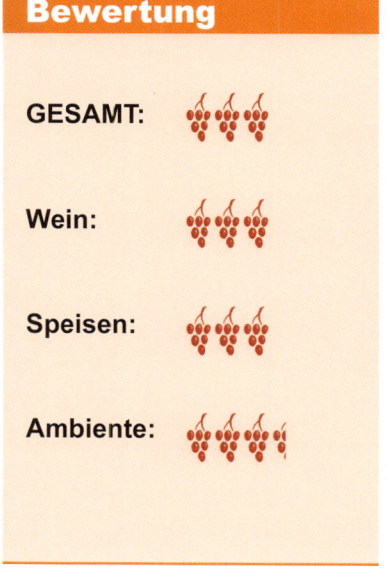

Bewertung

GESAMT:

Wein:

Speisen:

Ambiente:

Rheingau – Zahlen & Fakten

Unter den dreizehn deutschen Weinanbaugebieten gehört der Rheingau zu den weltweit bekanntesten. Die jahrhundertealte Kulturlandschaft zwischen Wicker und Lorchhausen zählt mit gut 3.100 Hektar Anbaufläche zu den kleineren Gebieten – genießt abe⁻ den Ruf, überproportional zu seiner Größe einen großen Anteil hoher Weinqualitäten zu liefern. Mehr als ein Drittel der Fläche wird von VDP-Betrieben (Verband der Prädikatsweingüter) bewirtschaftet: Mit 41 Mitgliedern stellt der Rheingau den größten VDP-Regionalverband. Fast 80 % der Weinberge sind mit Riesling bestockt – das ist weltweit der höchste Anteil dieser Rebsorte in einem Anbaugebiet. Auf 12 % der Fläche wird Spätburgunder angebaut, besonders in den Assmannshäuser Lagen. Entscheidend für die günstigen Bedingungen des Weinanbaus im Rheingau ist das Mikroklima: Die bewaldeten Hügel des Taunuskamms schützen vor Wind und Kälte, der Rhein zwischen Mainz und Bingen mit einer Breite von über einem Kilometer bildet einen großen Wärmespeicher und sorgt für milde Temperaturen, die Weinberge sind nach Süden ausgerichtet. Hinzu kommen über 1.600 Sonnenstunden jährlich. Milde Winter, warme Sommer und Herbstnebel begünstigen das Rebenwachstum und die Traubenreife. In den Höhenlagen des Rheingaus herrschen Verwitterungsböden vor, Schiefer, Keuper und Muschelkalkböden. Zum Rheinufer hin finden sich Löss, Lehm und Ton. Die tiefgründigen Böden sorgen für eine gute Wasser- und Nährstoffversorgung.

Die Geschichte des Weinbaus im Rheingau geht der Legende nach auf

Kaiser Karl den Großen zurück, der Anfang des 9. Jahrhunderts von seiner Pfalz in Ingelheim aus beobachtete, dass an den Rheingauhängen der Schnee früher schmolz – daraufhin befahl er, dort Rebstöcke anzupflanzen. Auf jeden Fall wurde im Rheingau Riesling-Geschichte geschrieben: Die Zisterzienserabtei Kloster Eberbach legte seit der Gründung im 12. Jahrhundert großflächig Weinberge im Rheingau und am Mittelrhein an. Auf Schloss Vollrads wurde ebenfalls ab dem 12. Jahrhundert Weinbau betrieben und: In Schloss Johannisberg wurde 1775 die Spätlese entdeckt. Der Rheingau verfügt über eine jahrhundertelang gewachsene, hochentwickelte Riesling- und Weinkultur. Es gibt weltweit wohl kaum ein vergleichbares Weinanbaugebiet mit dieser Dichte von historisch bedeutsamen Weingütern. Heute bearbeiten rund 850 Betriebe die 12 Groß- und 118 Einzellagen. Rund 340 davon besitzen mehr als einen Hektar – über die Hälfte der Gesamtfläche wird von nur 64 Weingütern bewirtschaftet, denen jeweils mehr als 10 Hektar Weinberge gehören.

Ähnlich wie die Weinregion Ahr oder die Wachau in Österreich profitiert der Rheingau von seiner kompakten geografischen Lage und der Nähe zu einem großen Ballungsgebiet. Wie an einer Perlenschnur aufgereiht liegen die Weinorte nebeneinander entlang des Rheins. Ob kleines Weindorf oder Städtchen wie Eltville oder Rüdesheim: Abends und an den Wochenenden zieht es die Erholungssuchenden aus Frankfurt, Wiesbaden und Mainz in den Rheingau, um bei einem Glas Wein zu entspannen.

Als Freizeitraum und Sehnsuchtsort hatte die Region schon von jeher eine große Bedeutung – spätestens mit Beginn der Rheinromantik vor 200 Jahren. Der Ausbau des Rheinsteigs am Waldrand und durch die Weinberge sowie der neu angelegte Fahrradweg entlang des Rheins haben die Beliebtheit des Rheingaus weiter gesteigert. Gebietsübergreifende Aktionen wie die „Schlemmerwochen" im Frühjahr und die „Offenen Keller" im Herbst sorgen für eine langanhaltende Saison. Im Sommer locken die Konzerte des „Rheingauer Musik Festivals" Kulturinteressierte in die Region. Ganzjährig unterhalten eine Vielzahl von Kabarett- und Theatervorstellungen wie die Eltviller Burghofspiele oder die Rheingauer Wein Bühne in der Brentanoscheune die zahlreichen Gäste. Die Hochschule Geisenheim (früher: Forschungsanstalt) und die EBS (European Business School) in Oestrich-Winkel sorgen mit ihren Studenten für Leben in der ländlichen Region. Der Rheingau ist ein sehr beliebtes Reiseziel für Genuss-Touristen: Weinkultur, Niederwalddenkmal, Klöster, Schlösser und kleine Gässchen mit alten Fachwerkhäusern ergeben ein stimmungsvollen Gesamtkunstwerk. Wer es erkunden will, folgt der gut ausgeschilderten Rheingauer Riesling Route durch die malerischen Weinorte: Die Einkehr in Gutsschänken und Straußwirtschaften gehört dabei immer auf die Tagesordnung.

Weinrestaurants

Neben Straußwirtschaften und Gutsschänken gibt es im Rheingau eine Vielzahl von Restaurants, die zu einem Weingut gehören und Restaurants, die eine besondere Weinauswahl anbieter. Hier meine Empfehlungen:

**Hotel Restaurant
Krone Assmannshausen**
Rheinuferstraße 10
65385 Rüdesheim-Assmannshausen
Tel. 06722/4030
www.hotel-krone.com
täglich ab 12 Uhr, Montag Ruhetag

ELTVINUM
Schmittstraße 2
65343 Eltville
Tel. 06723/993299
www.eltvinum.de
Mo – Fr 11.30 – 15, ab 17.30,
Sa, So, Fei ab 11.30 Uhr

Klosterschänke Kloster Eberbach
Kloster Eberbach
65346 Eltville
Tel. 06723/993299

www.kloster-eberbach.de
täglich ab 11.30 Uhr

Ristorante Anno Zero
Schwalbacher Straße 19
65343 Eltville
Tel. 06123/999164
www.annozero.de
täglich 11.30 – 14 Uhr, ab 18 Uhr
Di, Mi Ruhetage

**Restaurant Schlossschänke –
Schloss Reinhartshausen**
Hauptstraße 41
65341 Eltville-Erbach
Tel. 06723/7426
www.prosperita.de
Mo, Di, Do, Fr ab 16 Uhr
(Winter: ab 17 Uhr)
Sa, So, Fei ab 10 Uhr

Restaurant Zum Krug
Hauptstraße 34
65347 Hattenheim
Tel. 06722/99680
www.hotel-zum-krug.de
täglich 12 – 14 Uhr, ab 18 Uhr
Geschlossen: Sonntagabend, Montag,
Dienstagmittag

Die Adlerwirtschaft
Hauptstraße 31
65347 Hattenheim
Tel. 06722/7982
www.franzkeller.de
Mo, Do, Fr ab 18.30 Uhr,
Sa, So, Fei ab 13 Uhr

Kronenschlösschen
Rheinallee
65347 Hattenheim
Tel. 06722/640
www.kronenschloesschen.de
täglich ab 12 Uhr

Burg Schwarzenstein
Rosengasse 32
65366 Geisenheim-Johannisberg
Tel. 06722/99500
www.burg-schwarzenstein.de
Burgrestaurant:
Mo – So, 12 – 14.30, ab 18 Uhr
Gourmetrestaurant:
Mo – Fr ab 18.30, Sa, So, Fei 12 –
14.30, ab 18.30 Uhr

Gutsschänke Schloss Johannisberg
65366 Geisenheim-Johannisberg
Tel. 06722/96090
www.schloss-johannisberg.de
täglich ab 11.30 Uhr

Ankermühle Gutsrestaurant
Kapperweg 1
65375 Oestrich-Winkel
Tel. 06723/2407
www.ankermuehle.de
Mo, Mi, Do, Fr ab 17,
Sa, So, Fei ab 12 Uhr
Ruhetag: Di (Winterhalbjahr: Di + Mi)

Basting-Gimbel – Die Wirtschaft
Hauptstraße 70
65375 Oestrich-Winkel
Tel. 06723/7426
www.die-wirtschaft.net
Mi – Sa 12 – 14.30, ab 18 Uhr
So, Fei 11.30 – 15, ab 17 Uhr

Kleines Gasthaus
Rheingaustraße 18
65375 Oestrich-Winkel
Tel. 06723/913433
www.kleinesgasthaus-oestrich.de
Di – Fr 12 – 14.30, ab 18 Uhr
Sa ab 18 Uhr, So 12 – 14.30, ab 18 Uhr

Gutsrestaurant Schloss Vollrads
65375 Oestrich-Winkel
Tel. 06723/5270
www.schlossvollrads.com
Do – Di ab 12 Uhr, Mi Ruhetag

Weinstube Allendorf im Brentanohaus
Am Lindenplatz 2
65375 Oestrich-Winkel
Tel. 06723/91850
Geöffnet ab Ostern 2016

Weinprobierstände

Entlang des Rheins laden eine Vielzahl von Weinprobierständen dazu ein, die Weine der Winzer eines Ortes zu probieren. In der Regel werden die Stände von April bis Oktober betrieben, die Weingüter wechseln sich wöchentlich ab. – Foto: Der Weinprobierstand Hattenheim liegt direkt am Rhein.

Weinprobierstand Assmannshausen
Wo: Rheinuferstraße
Öffnungszeiten: Mo – Fr ab 16, Sa ab 13, So + Fei ab 11 Uhr

Weinprobierstand Eltville
Wo: Unter den Platanen direkt an der Rheinpromenade 150 Meter von der Kurfürstlichen Burg entfernt
Öffnungszeiten: Ende März – Oktober: Mo – Fr ab 16, Sa ab 15, So + Fei ab 11 Uhr

Weinprobierstand Erbach
Wo: Auf dem großen Parkplatz am Rheinufer vor der B 42
Öffnungszeiten: April – Oktober: Do, Fr, Sa ab 17, So ab 11 Uhr

Weinprobierstand Flörsheim
Wo: Dr.-Georg-von-Opel-Anlage 1
Öffnungszeiten: Mai – Anfang Oktober: Fr ab 17, Sa ab 16, So + Fei ab 11 Uhr

Weinprobierstand Flörsheim-Wicker
Wo: Taunusstraße
Öffnungszeiten: Mai – Anfang Oktober: Fr ab 17, Sa ab 16, So ab 11 Uhr

Weinprobierstand Geisenheim
Wo: Weinprobierstand direkt am Rhein
Öffnungszeiten: Ostern – ca. Mitte Oktober Fr ab 17, Sa ab 15, So ab 11 Uhr

Weinprobierstand Hattenheim
Wo: Am Rheinufer in der grünen Rheinanlage mit eigenem Parkplatz
Öffnungszeiten: April bis Oktober: Mo – Fr ab 17, Sa ab 15, So + Fei ab 11 Uhr

Weinprobierstand Hallgarten
Wo: Zangertstraße 73, Hallgarten
Öffnungszeiten: 1. Mai – Anfang September: Sa ab 16, So + Fei ab 14, Mo ab 18 Uhr

Weinprobierstand Hochheim
Wo: Am Weiher Hochheim
Öffnungszeiten: Anfang Mai – Mitte September: Mo ab 17, Fr + Sa ab 16, So + Fei ab 11 Uhr

Weinprobierstand Johannisberg
Wo: Hohlweg 23 beim Weingut Chat Sauvage
Öffnungszeiten: im Sommer: Fr ab 17, Sa ab 15, So + Fei ab 12 Uhr

Weinprobierstand Kiedrich
Wo: Wegesrand zur Burg Scharfenstein
Öffnungszeiten: April – Oktober: Fr ab 17, Sa ab 14, So + Fei ab 11 Uhr

Weinprobierstand Kostheim
Wo: Am Mainufer (Nähe Mainbrücke)
Öffnungszeiten: Mai – August: Fr ab 17, Sa ab 16, So + Fei ab 10 Uhr

Weinprobierstand Martinsthal
Wo: Lehrstraße am großen Parkplatz
Öffnungszeiten: Mai – Anfang Oktober: Fr, Sa ab 16, So ab 11, Kaffee und Kuchen ab 14 Uhr

Weinprobierstand Oestrich
Wo: Rheinallee, direkt an der Unterführung zum Rheinufer
Öffnungszeiten: Di – Do ab 17, Fr – So oftmals früher als 17 Uhr, Mo Ruhetag

Weinprobierstand Rauenthal
Wo: Weinbergstraße, am Parkplatz Krauäcker
Öffnungszeiten: Mi – Fr ab 16, Sa ab 15, So ab 13 Uhr

Weinprobierstand Rüdesheim
Wo: Marktplatz
Öffnungszeiten: Mo – Sa ab 16, So + Fei ab 11 Uhr

Weinprobierstand Walluf
Wo: „La Londe-Platz" Rheinallee 1
Öffnungszeiten: Mo – Fr ab 17, Sa ab 15, So + Fei ab 11 Uhr

Weinprobierstand Wiesbaden-Biebrich
Wo: Nähe KD Anlegestelle, Rheingaustr. 145
Öffnungszeiten: Mo, Do, Fr, Sa ab 16, So + Fei ab 11 Uhr

Weinprobierstand Wiesbaden-Schierstein
Wo: Am Hafen
Öffnungszeiten: Fr ab 18 Uhr

Weinprobierstand Winkel
Wo: Am Rheinufer Nähe Fähre Mittelheim-Ingelheim, Oestrich-Winkel
Öffnungszeiten: Fr, Sa, Mo ab 16, So + Fei ab 11 Uhr

Vinotheken

Viele Weingüter haben attraktive Vinotheken eingerichtet in denen man die Weine vor dem Kauf probieren kann – der Trend geht immer mehr zu kleinen „Weinerlebniswelten". Die Vinotheken sind in der Regel unter der Woche zu den üblichen Geschäftszeiten geöffnet.

Wein.Erlebnis.Welt – Weingut Fritz Allendorf
Kirchstraße 69
65375 Oestrich-Winkel
Tel. 06723/91850
www.allendorf.de

Vinothek Weingut Georg Breuer
Grabenstraße 8
65385 Rüdesheim/Rhein
Tel. 06722/47225
www.georg-breuer.com

Hallgartener Weinkeller eG
Hattenheimer Straße 15
65375 Oestrich-Winkel
Tel. 06723/3369
www.hallgartener-wein.de

Weincabinet Schloss Johannisberg
Schloss Johannisberg
65366 Johannisberg
Tel. 06722/700935
www.schloss-johannisberg.de

Vinothek Kloster Eberbach
Kloster Eberbach
65346 Eltville
Tel. 06723/6046242
www.kloster-eberbach.de

Schloss Reinhartshausen
Hauptstr. 41
65346 Eltville-Erbach am Rhein
Tel. 06123/676333
www.schloss-reinhartshausen.de

Weingut Spreitzer Oestrich-Winkel
Rheingaustr. 86
65375 Oestrich-Winkel
Tel. 06723/2625
www.weingut-spreitzer.de

Vinothek Schloss Vollrads
Schloss Vollrads
65375 Oestrich-Winkel
Tel. 06723/6626
www.schlossvollrads.com

Weingut Weil Kiedrich
Mühlberg 5
65399 Kiedrich
Tel. 06123/2308
www.weingut-robert-weil.com/

Weinpunkt Barth & Lang Gbr
Hauptstraße 25
65385 Hattenheim
Tel. 06723/913960
www.weinpunkt-vinothek.de

Weindekanei Eltville-Erbach
Erbacher Str. 31
65346 Eltville am Rhein
Tel. 06123/605057
www.weindekanei.de

Winebar Kitchen & Bar
Geisenheimer Straße 3
65385 Rüdesheim
Tel: 06722/47396
www.cewinebar.de

Übernachten beim Winzer: schön schlaftrunken

Manche Weingüter bieten Übernachtungsmöglichkeiten an: Das Angebot reicht von Gästezimmern bis zu kleinen Winzerhotels.

Gästehaus Kloster Eberbach
Kloster Eberbach
65346 Eltville
Tel. 06723/993200
www.kloster-eberbach.de

Klostermühle
An der Klostermühle 3
65343 Eltville
Tel. 06123/4021
www.klostermuehle.de

Weinhotel Koegler
Kirchgasse 5
65343 Eltville
Tel. 06123/2437
www.weingut-koegler.de

Gutshotel Baron Knyphausen
Erbacher Straße 26
65346 Erbach
Tel. 06123/601930
www.baron-knyphausen.de

Weingut Egert
Rheinallee 33
65347 Hattenheim
Tel. 06723/5557
www.weingut-egert.de

Weingut Karl-Johann Molitor
Weiderweg 1
65347 Hattenheim
Tel. 06723/2537
www.molitor-wein.de

Abteihof St. Nicolaus
Grund 19/21
65366 Geisenheim-Johannisberg
Tel. 06722/8754
www.abteihof-riesling.de

Weingut Michael Rößler
Rheinstraße 20
65391 Lorch
Tel. 06726/1658
www.weingut-roessler.de

Weingut Friedrich Altenkirch
Binger Weg 2
65391 Lorch
Tel. 06723/8395199
www.ferienwohnung-altenkirch.de

Weingut Rosenhof
Am Rosengärtchen 7
65366 Geisenheim-Marienthal
Tel. 06722/8484
www.rosenhof-geisenheim.de

Weingut & Gästehaus Engelmann-Schlepper
Hauptstraße 55
65344 Martinsthal
Tel. 06123/71412
www.engelmann-schlepper.de

Weinhotel F. B. Schönleber
Hauptstraße 1b
65375 Oestrich-Winkel
Tel. 06723/91760
www.fb-schoenleber.de

Gästehaus Querbach
Lenchenstraße 19
65395 Oestrich-Winkel
Tel. 06723/3887
www.querbach.com

Weingut Magdalenenhof
Marienthaler Straße 90
65385 Rüdesheim
Tel. 06722/906900
www.magdalenenhof.de

Weinhotel Rüdesheimer Schloss
Steingasse 10
65385 Rüdesheim
Tel. 06722/90500
www.ruedesheimer-schloss.com

Autor & Fotograf

Sie leben auf verschiedenen Seiten des Rheins und haben sich für dieses Projekt zusammengetan: Der rechtsrheinisch im Rheingau lebende Weinjournalist Wolfgang Junglas und der linksrheinische Fotograf Torsten Zimmermann. Die Arbeit an diesem Weinkompass hat beiden viel Freude bereitet und war lehrreich: Torsten hat die vielen schönen Ecken des Rheingaus kennengelernt – und auch Wolfgang war überrascht, wie viel Neues es zu entdecken gibt in der Region, in der er seit über 30 Jahren zu Hause ist.

Wolfgang Junglas (auf dem Foto links) stammt aus der Eifel. Seit 1980 wohnt er im Rheingau. Nach dem Studium der Soziologie in Frankfurt arbeitet er seit 1985 als fester freier TV Redakteur – zuerst beim ZDF, dann beim SWR in Mainz. Zuständig in der Fernsehunterhaltung für Genussthemen hat er Sendungen wie Fröhlicher Weinberg, Lafers Himmel un Erd, Mit Johann Lafer um die Welt, Deutschlands beste Weine mit Frank Elstner und Wahl der Deutschen Weinkönigin entwickelt und betreut. Der Weinjournalist und Restaurantkritiker ist Vorsitzender des Weinjournalistenvereins Weinfeder e.V., Autor der TV-Serie Landgasthöfe in Rheinland-Pfalz und arbeitet als Moderator und TV-Produzent. Der Autor zahlreicher Bücher veranstaltet in der Brentanoscheune in Oestrich-Winkel das Bühnenprogramm der Rheingauer Wein Bühne und ist Mitglied bei den Kranenmeistern.

Für regionales Engagement bleibt **Torsten Zimmermann** wenig Zeit ist er doch ständig auf dem Sprung, um für Magazine wie Cosmopolitan oder Vogue, den Burda-Verlag, Unternehmen wie Thomas Cook, Skoda, Sparda Bank Südwest oder Kia seinen Blitzlicht-umstrahlten Job zu tun. Man sieht ihn mit seiner Kamera bei der Verleihung von Bambi und Goldener Kamera und auch in der Coface Arena, denn der Fußballfan ist Teamfotograf von Mainz 05 – und das mit Leib und Seele.

Dank

Ich bedanke mich bei allen Winzerfamilien, die mich bei meinen Recherchen mit offenen Gesprächen und unzähligen Weinproben unterstützt haben: Ich habe wieder sehr viel über Wein und den Rheingau erfahren.

Das Team des Leinpfad Verlages hat sehr effizient gearbeitet – vielen Dank dafür.

Herzlich bedanken möchte ich mich auch bei Heidi Hartmann und Christiane Baumeister für ihre hilfreichen Tipps.

Meiner Frau Tracey und meiner Familie danke ich für die Geduld und die anregende Begleitung bei unzähligen Testessen.

Wolfgang Junglas

Leinpfad Verlag – Bücher mit Terroir.

Usch von der Winden: **Rheingauer Tapas**
Lassen Sie sich überraschen von Handkäs mit Salsa rossa, einer Tortilla mit grünem Spargel, Camembert mit Oliven-Rosinen-Tapenade, Linsentörtchen m t Knoblauch-Salsa, Maronen-Crostini, von gebackenen Weinbergspfirsichen und und und

ISBN 978-3-945782-02-5, 128 S., Klappenbroschur, 13,90 €

A. Schulz-Parthu (Hg.): **Rheinhessische Tapas**
Rheinhessen und Tapas gehören nicht zusammen?!?
Mit knapp 60 Rezepten beweist Angelika Schulz-Parthu das Gegenteil. Da werden so durch und durch rheinhessische Zutaten wie Handkäs oder Fleischwurst in einer Weise auf den Tisch gebracht, dass es manchem spanisch vorkommen wird.

ISBN 978-3-942291-40-8, Klappenbroschur, 116 Seiten, 12,90 € 2. Auflage!

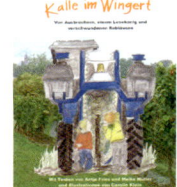

Kalle im Wingert. Von Ausbrechern, einem Lesekönig und verschwundenen Rebläusen
Das einzige Kinderbuch über die Arbeit von Winzern! Einerseits erzählt Kalle eine pfiffige Geschichte, andererseits informiert das Buch genau über den Beruf des Winzers. Mit Texten von Antje Fries und Maike Müller und farbigen Illustrationen von Carolin Klein

ISBN 978-3-942291-74-3, 32 S., Hardcover, 12,90 €, 3. Auflage!

Thomas Ehlke: **Weinkompass Rheinhessen. Die besten 50 Straußwirtschaften und Gutsschänken**

ISBN 978-3-942291-39-2, Broschur, 128 Seiten, 12,95 € 2. Auflage!

LEINPFAD
VERLAG

Leinpfad Verlag.
Der kleine Verlag mit dem großen regionalen Programm!
Leinpfad Verlag, Leinpfad 5, 55218 Ingelheim
Tel. 06132/8369, Fax. 896951, www.leinpfadverlag.com
info@leinpfadverlag.de
Wir schicken Ihnen gerne unser Programm.